头脑风暴

塑造超强大脑的想象力游戏

石　霖／编著

中国法制出版社
CHINA LEGAL PUBLISHING HOUSE

前言

在生活中，我们会发现有些人具备非凡的想象力，能够随时随地在头脑中进行联想，而有些人则更相信自己眼睛看到的事物和已经被证明的科学知识，很少主动去进行想象。这是人类思维方式不同的表现。

想象是大脑中形象思维的高级形式，是人类创造力的前提。运用想象力，我们可以构思新事物，也可以对原有的事物进行改进，从而帮助我们在以往经验的基础上发挥人类的创新思维，更好地探索未知领域的新知识。

在成长过程中，我们可以有意识地通过想象力游戏来锻炼和提升自己的想象力。本书精选了八大类想象力游戏，包括图形想象、空间想象、经验想象、情境想象、科学想象、推理想象、发散想象和创意想象，并且对每个游戏和答案都进行了认真设计和精心制作。这些游戏既有考验观察力的图形想象游戏，又有考验知识或逻辑的推理想象游戏，涵盖了从表面观察到深层思考的运用想象力的许多方式。通过这些游戏的训练，读者可以开发大脑的潜能，清晰地感知想象力的不同层面，从而全面提高自身的想象力。

想象力游戏是锻炼想象力的工具，能够帮助我们打破僵化的传统思维。在未来社会里，机器人可能会代替我们做越来越多的体力劳动，而想象力就会成为我们建设未来世界最重要的能力。

谨以此书献给所有希望训练想象力的朋友，希望这本书能够为你掀起思维的风暴，将自身原本具有的想象力发挥到极致。

目录

第一章

观察思考，提升图形想象能力

技巧简介：从图形特征出发，进行想象和记忆

图形想象，是在大脑中还原我们看过的图形，并探索图形与图形之间的联系。它是人类图形思维的基础，也是解决与图形相关问题的关键。

图形想象建立在观察的基础上，细致的观察、用心的思考，有助于提升大脑的图形想象力。

生活中很多问题的解决都离不开图形想象。画家画画是运用图形想象力的直接体现，毕加索的立体主义画作、现代画家的扁平几何风插画，都是画家运用图形想象力进行创作的结果。而我们在创作和工作中常用到的思维导图，也要充分发挥个人的图形想象力才能加以利用。不管是欣赏艺术作品，还是用图形来帮助思考，都离不开核心的图形想象能力。

华裔物理学家李政道是诺贝尔奖获得者，也获得过爱因斯坦世界科学奖。

1926年，李政道出生于上海的书香门第，自幼博览古籍名画，这使得他的艺术领悟能力非常突出。

1946年，尚未大学毕业的李政道经人推荐获得美国芝加哥大

学奖学金，从而出国留学，导师是有“原子能之父”之称的费米教授。

在导师的言传身教下，他写出了很多有分量的论文。他的博士论文《白矮星的氢含量和能量产生机制》，解决了当时天体物理方面的一些难题。1950年，李政道获芝加哥大学物理学博士学位。1956年，他与杨振宁教授合作，共同提出“弱相互作用中宇称不守恒”定律，次年共同获得诺贝尔物理学奖。当时李政道年仅31岁。

研究之路如此顺利，除了与导师的指导和自身的勤奋有关之外，李政道还将其归功于自幼培养的图形想象能力。他很看重艺术在科学中的作用，他认为艺术在科学创造中往往能给人们意想不到的启迪。特别当你在科学创造过程中遇到困难、思路受阻，百思不得其解时，某些艺术美感的启示能使你茅塞顿开，促使你浮想联翩，使难题迎刃而解。

李政道倡导“科艺相通”，从20世纪80年代起，他每年回国两次推进科学与艺术的结合。他在北京召开“科学与艺术研讨会”，请黄胄、华君武、吴冠中等著名画家“画科学”，将近代物理最前沿的课题如量子理论、宇宙起源、低温超导等，用绘画的方式呈现出来。

李政道出版有画集《李政道随笔画选》，从中我们可以感受到他的艺术想象力和创造力。

从科学巨匠李政道的人生经历中，我们可以知道图形想象能力的重要性。他很看重图形艺术在科学研究中的作用，对于绘画与物理学之间的关系，李政道明确说：“它们就是一枚硬币的两面。”在面对科学难题时，科学家通过在头脑中展开图形想象，将抽象的科学知识转化为具象的画面，能够有效推进科学研究。

在进行图形想象时，我们可以注意以下几个方面：

1.观察图形特征，开拓解决思路

首先要从图形中尽可能多地寻找特征，包括其外部整体特征和内在细节特征。然后要寻找图形之间存在的联系，各种细节是以怎样的方式组合在一起的，与图形整体又有着怎样的关联。观察能力是图形想象能力的前提。

2.欣赏图形中蕴含的美好，培养艺术想象力

图形想象能力的实质是艺术想象力。通过对图形的观察，可以在头脑中形成艺术意象，再通过一定的媒介转化为艺术形象。学会欣赏图形中的美好，也是在提升自我审美鉴赏能力。良好的审美鉴赏能力有助于我们提升自己的图形想象能力。

3.培养兴趣，热情是内在的动力

无论做什么事，兴趣是最好的老师。唯有保持浓厚的学习兴趣，才能使大脑处于最活跃状态。保持对图形类艺术鉴赏的浓厚兴趣吧，这样在发现和欣赏美好的同时，我们也能增强自己的观察力和想象力。

想象力游戏：辨识图形，想象未知

几何图形的谜题

开启游戏

仔细观察下面的图形，发现其中隐藏的规律，并推断出问号处应该是哪个图形。

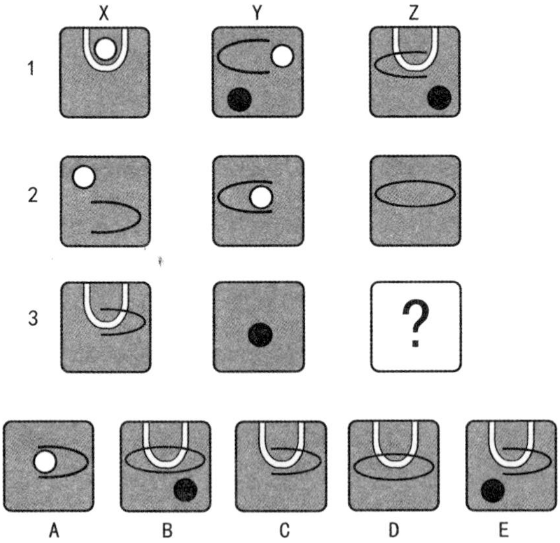

头脑发动机

先不要急着找出答案，我们静下心仔细观察图形来寻找规律。注意竖排序号X、Y、Z，横排序号1、2、3。

我们先来看第1行。X列的图形之内有2个符号：倒立的拱门形和空心的圆形；Y列的图形内有3个符号：椭圆的左半边、空心的圆形和实心的圆形。X列和Y列相同的符号有1个：空心的圆形；不同的符号有3个：倒立的拱门形、椭圆的左半边、实心的圆形。我们再来看Z列，包括3个符号：倒立的拱门形、椭圆的左半边和实心的圆形，正是X列和Y列中不同的符号。那么每组的规律应该是这样的：Z列包含了X列和Y列不同的符号，将相同的符号删除掉了。

到底是不是这样呢？我们再用第2行来做验证。X列有2个符号：空心的圆形、椭圆的右半边；Y列也有2个符号：空心的圆形、椭圆的左半边。这两列中不同的符号是椭圆的左半边和右半边，两者合在一起应该是一个椭圆。再看Z列，果然是1个椭圆。

依照这个规律，第3行问号处的图形也就很明显了，X列和Y列不同的符号有3个：倒立的拱门形、椭圆的右半边、实心的圆形，同时包含这3个符号的正是图形E。

该是哪个图形

开启游戏

找出下面图形从左到右排列的规律，并推测问号处应该出现哪个图形。

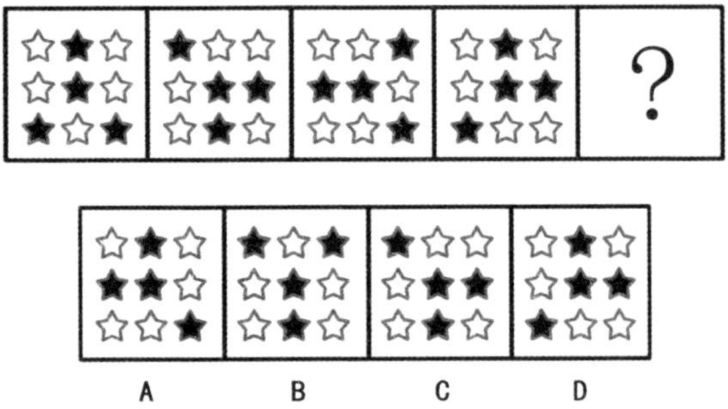

头脑发动机

细致地观察是解决问题的第一步，我们看到前四组图形都是由九个黑白色五角星组成的，其中五个白色五角星、四个黑色五角星。从左到右，每组图形包含的黑白色五角星在数量上没有变化，变化的只是黑白色五角星的位置。

那么黑白色五角星是不是旋转移动呢？四组图形中，中间的五角星均为黑色五角星，那么可以认为无论五角星怎样移动，中间的五角星颜色不变。我们先看五角星是否存在顺时针移动的情形，第二组图明显不是第一组图的五角星通过顺时针旋转得来的。第二组图是第一组图中的八个五角星每个都逆时针移动一格后的结果，第三组图是第二组图中的八个五角星每个逆时针移动一格的结果，再看第四组图，依然是第三组图中的八个五角星每个逆时针移动一格的结果，那么很明显了，问号处应该是第四组图中的八个五角星每个逆时针移动一格后的结果，答案是B。

谁的杯子最先被注满

开启游戏

如图所示，有4个人来接咖啡喝，请问谁的杯子最先被注满？

头脑发动机

这个图乍一看相当复杂，4个人站的位置不同，杯子距离咖啡壶的远近不同，连咖啡流经的容器大小也不同，到底该如何判断呢?

其实，仔细观察上图就会发现：第1个人的杯子根本接不到咖啡，因为杯子正上方的水管被堵住了；第3个人也接不到咖啡，因为水管没有开口；同理，第4个人也无法接到咖啡，因为容器没有流向他的杯子的口……所以，答案很简单，第2个人的杯子会先被注满，他也是唯一能接到咖啡的人。

3条直线分10个圆

开启游戏

杨莉的妈妈为了锻炼孩子的想象力，给她出了个画线的题目。妈妈要求杨莉在下图中只添加3条直线，就将图中的10个圆平均分成5组。杨莉怎么也画不出来，你能帮她完成吗?

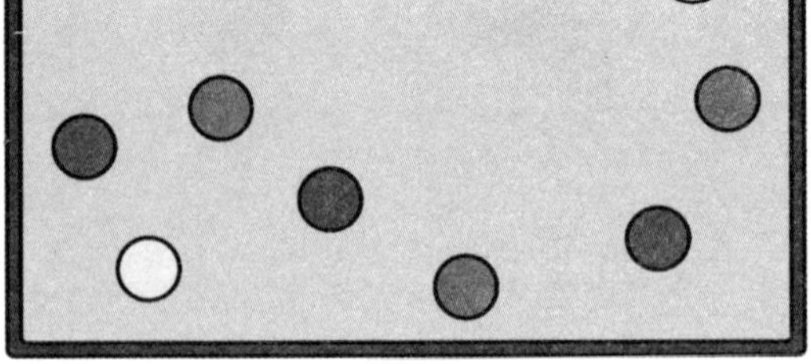

头脑发动机

将10个圆分成5组，正常情况下应该要画5条直线才可以做到，但这个题目要求只画3条直线，该怎么办呢？这时不妨发挥想象力，要求只画3条直线，但并没有要求3条直线不能交叉，如果我们画3条直线，同时让直线交叉把图分成5块，这样不就可以将10个圆平均分成5组了吗？下面的画线思路供参考，你一定还能想到更多的思路来完成题目。

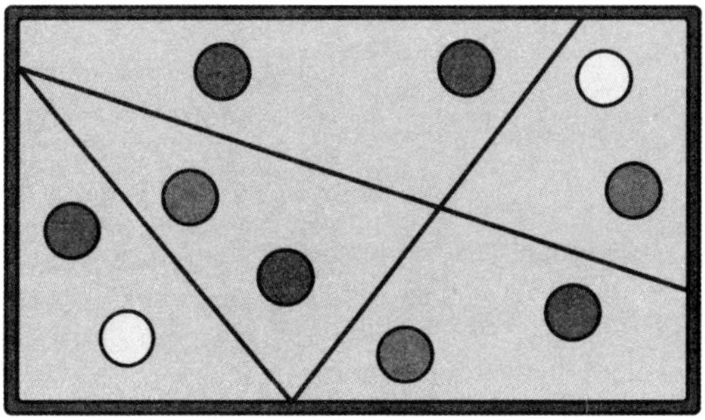

竹林中的动物

开启游戏

一轮弯月挂在天空，月光轻轻地洒下，地面上竹林轻轻晃动，摇曳出一番诗情画意。等等，竹叶的轮廓是不是像一只小动物，你能画出来吗？

头脑发动机

看到竹子会想到什么动物呢？当然是喜欢吃竹子的国宝熊猫。那么图中是否有熊猫呢？我们试着将图中比较粗的叶子组合起来形成轮廓，就能看到隐藏的熊猫啦！

巧分弯月

开启游戏

下图是一轮弯弯的月亮，像一艘小船。你能在画面中只添加2条直线，就将月牙分成6个部分吗？

头脑发动机

只添加2条直线让月牙变成6个部分，听起来有些难度，但仔细观察月牙，你会发现还是很容易画线的，比如像下面这样增加2条直线，就将月牙分成了6个部分。

趣猜动物头像

开启游戏

下面这张图的神奇之处在于，如果我们从不同的角度看，会看到不同的动物头像。仔细观察一下，你能够看到什么样的动物头像？

头脑发动机

大多数人看到这张图，第一时间都会认为是鸭子，但这幅画里其实暗藏玄机。如果将左边长长的图形看作鸭子的嘴，那么这张图就是鸭子的头像；如果将左边长长的图形看成是耳朵，那么这张图就是兔子的头像。

缺少哪些动物

开启游戏

下面的图形中包括四种动物：马、骆驼、熊和食蚁兽。其中有4个空缺，仔细观察并尝试寻找规律，你认为空缺的问号处应该画上什么动物？

头脑发动机

这个图片乍一看让人眼花缭乱，看不出规律。但是静下心来仔细观察，我们就会发现其排列规律，这里只提供一种思路供参考。

我们先沿逆时针方向来看，从左上角第二张图开始，4种动物按照顺序轮流出现，左侧第一列自上而下分别是马、食蚁兽、熊、骆驼，所以第五行的问号处应该是食蚁兽，第一行的问号处应该画熊。我们再看里面的九个方格，从第四列的第二张图开始，沿逆时针方向依次出现动物马、食蚁兽、熊、骆驼，因此第三行第二列的问号处应该画骆驼。至于最中间的问号，应该画上开始轮流出现的第一个图案，也就是马。依照这个规律将动物替换问号后，整个图形如下：

这个问题的答案和思考方式不止一种，你可以发挥自己的想象力，发现隐藏的规律并画出图案。

奇妙的蚂蚁搬家

开启游戏

李密很喜欢看蚂蚁，他的妈妈特地给他设计了4张蚂蚁搬家图，这4张图之间有一定的规律，其中有一张妈妈没有画蚂蚁，让李密看明白规律后自己画出。李密很容易地找到了规律，并画出了空白的那张蚂蚁搬家图。你知道他是怎么画的吗？

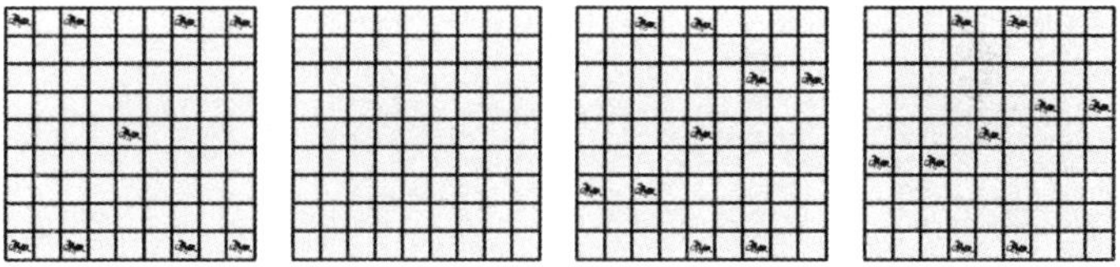

头脑发动机

通过观察可以发现，蚂蚁虽然比较多，但它们的出现还是很有规律的。左上角的两只蚂蚁每次向右移动一格，右上角的两只蚂蚁每次向下移动一格，左下角的两只蚂蚁每次向上移动一格，右下角的两只蚂蚁则每次向左移动一格，中间的蚂蚁则是按兵不动。根据这个规律，我们可以很容易地画出第二张蚂蚁搬家图，如下图所示：

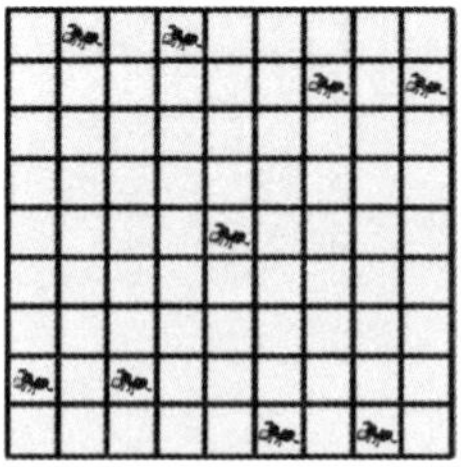

涂满后是什么

开启游戏

金宇得到了一张图，却怎么也看不明白。后来朋友告诉他，如果将图中所有包含黑点的图形用深色笔涂满，就能看到原本的图案了。你能想象出涂满后会是什么形状吗？

头脑发动机

仔细观察，并充分发挥想象力，我们可以知道图中画着一个被牛顶起来的男人，如下图所示：

螺旋线的规律

开启游戏

灵灵很喜欢找规律，这天她的妈妈给她画了一组这样的图形，问她问号处该填A、B、C、D中的哪一个，灵灵仔细研究了一下，很快得出了答案。你能看明白规律吗？

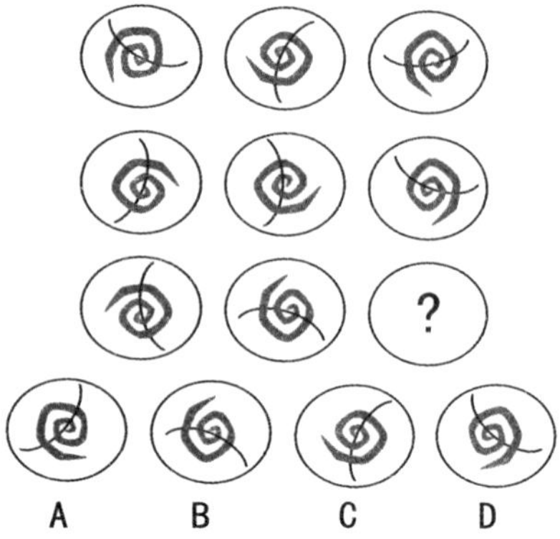

头脑发动机

这组图形的重点在于曲线的方向，仔细观察我们能够发现：第一行的曲线从外向内，分别沿顺时针方向、逆时针方向、顺时针方向旋转；第二行则是分别沿逆时针方向、顺时针方向、逆时针方向旋转。因此我们知道，每一行的第一格和第三格是方向相同的，第二格则方向相反。

因此问号处应该是顺时针方向旋转的曲线，答案中只有A符合规律。

花瓶的碎片

开启游戏

冯云家有一个美丽的花瓶，但是不小心被顽皮的孩子们打碎了，碎成了12个大小、形状都不相同的碎片。冯云想对花瓶进行修补，她将花瓶和碎片分别画了出来，你能帮她找出碎片分别对应瓶身的哪个数字吗？

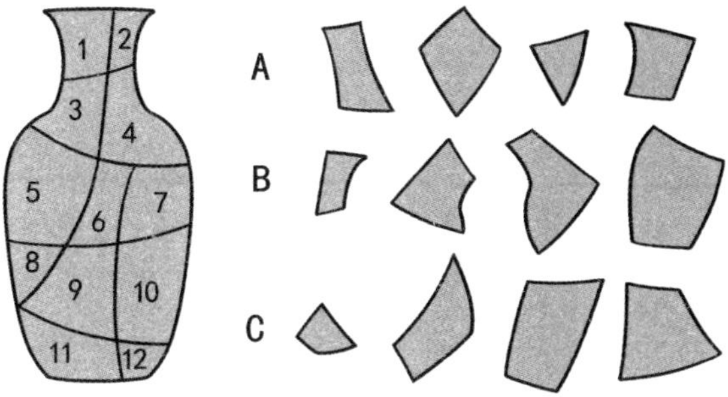

头脑发动机

在这个游戏中，我们唯一要做的就是仔细观察。可以从左侧瓶身的数字来找右侧对应的形状，比如左侧的数字1，对应的是右侧A行中的第4个碎片；左侧的数字2，对应的是右侧B行中的第1个碎片；左侧的数字3，对应的是右侧B行中的第2个碎片……如此将12个数字全部找出后，即可得出结论：右侧A行碎片对应的花瓶数字分别是6、7、8、1，B行碎片对应的数字分别是2、3、4、5，C行碎片对应的数字分别是12、11、10、9。

不一样的火柴人

开启游戏

下面6个火柴人，你能发现哪个与大家不一样吗？

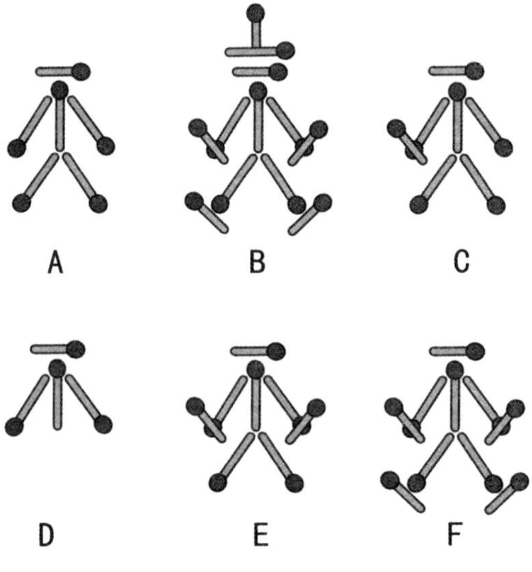

头脑发动机

我们先来观察组成火柴人各部位的火柴数量，A由6根火柴组成，B由12根火柴组成，C由7根火柴组成，D由4根火柴组成，E由8根火柴组成，F由10根火柴组成。那么答案就出来了，火柴人C与其他人不一样，因为只有它由7根火柴组成，组成其他人的火柴数量都是偶数。

连起16个圆点

开启游戏

下图是16个圆点组成的正方形，你能用6条线段将16个圆点连起来吗，要求6条线段必须是一笔完成的。

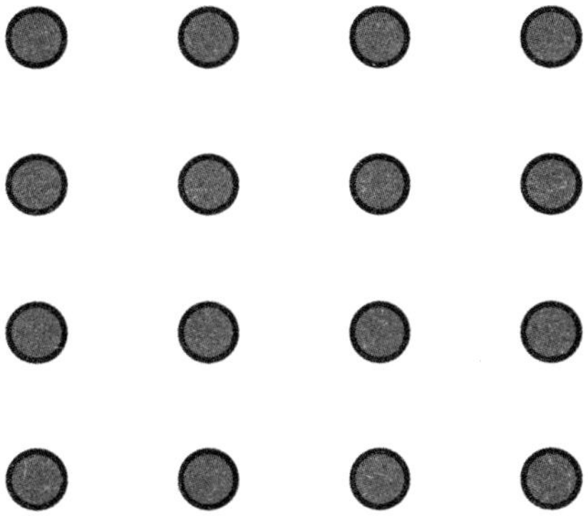

头脑发动机

用6条线段连起16个圆点，还必须一笔完成，听起来很难，但通过仔细观察，并充分发挥想象力，还是可以找到方法完成的。这个题目的关键在于不要将画线的范围局限在16个圆点之间，试着将直线延展到圆点之外就可以找到正确答案，如像下图这样：

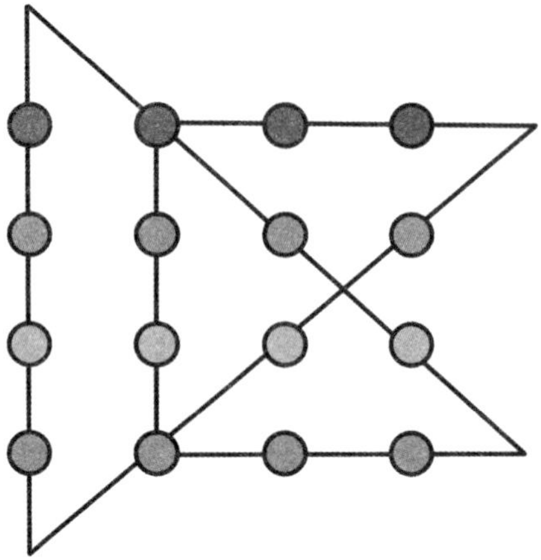

林芳的蛋糕

开启游戏

林教授是一位大学几何老师，退休后他迷上了烘焙。这天他烘焙了一块完美的正方形蛋糕，然后他切了三刀，每一次都将蛋糕平均分成两部分，他觉得非常有成就感。傍晚的时候，他的孙女林芳回来了，他给林芳展示了他的新蛋糕并请她品尝。林芳想要A块或者D块，但是她一时判断不出哪块更大些，于是进行了仔细的观察，并最终从中选出了一块较大的。你知道她是怎么做到的吗？

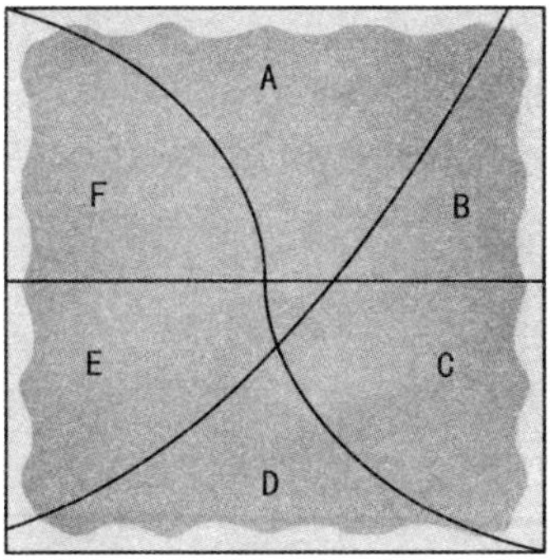

头脑发动机

仔细观察是解决图形类问题的秘诀，同时也要用上我们的想象力。在这个题目中，我们知道林教授每一次切蛋糕的时候，都将蛋糕平均分开，所以D+E+F正好是蛋糕的一半，同理，E+F+A+中间的小块也是蛋糕的一半，也就是说D+E+F=E+F+A+中间的小块。然后我们将E+F从两边去除得到算式D=A+中间的小块。也就是说，D比A要稍微大一些，刚好大了中间的那一小块。所以林芳选的蛋糕一定是D。

第二章

构造转化，提升空间想象能力

技巧简介：在脑海中建立空间和立体概念

空间想象力是人们通过观察客观事物的空间几何形体，进而在大脑中观察、分析、认知物体形状和位置的抽象思维能力。空间想象力是形成和发挥创造力的源泉。

我们生活中可以通过双眼看到立体的物体，但在阅读图书或者观看画册时，看到的只是用二维图形描述的画面，因此通过大脑去思考画面中物体的具体形状和位置就显得格外重要，而这种思考的能力就是空间想象能力。

空间想象能力在日常生活和数学计算中都会经常使用。比如，根据描述物体的语言和符号，在大脑中呈现相应的空间几何图形；根据直观图，在大脑中展现出几何图形及其组成部分的形状、位置关系和数量关系；对头脑中已有的空间形体进行分解、组合，产生新的形体，并正确分析其位置关系和数量关系。

关于空间想象能力的组成要素，任子朝等人的研究有一定的代表性，他提出空间想象能力由以下三个不同层次的成分组成：

（1）空间观念的建立。包括实物的几何化、对空间基本图形的识记、再现和思考等。

（2）建构表象的能力。即能在文字和语言的刺激下，在大脑中想象出符合要求的图形的能力。

（3）表象操作的能力。即对大脑中的表象进行加工、改造和创新的能力。

按照三种不同层次的组成元素，我们可以从以下方面来锻炼自己的空间想象能力：

1.借助直观材料，打下空间想象能力的基础

在培养空间想象力的初期，我们可以借助直观的材料，如实物、模型和语言等。通过对模型进行详细的观察、分析、复述、概括，经由多次重复训练，可以在大脑中建立起清晰的空间观念。

2.通过文字、符号、图形的协同训练，培养空间想象能力

根据巴甫洛夫的学说，外界信号可分为两类：符号和图形等直观材料为第一信号，人的语言文字等为第二信号。相应地，人的条件反射系统可分为第一信号系统和第二信号系统。只有两种信号系统协同活动，才能使人产生复杂多样的心理活动。因此，我们在训练空间想象能力时，也要将第一信号材料的图形和符号与第二信号材料的语言文字结合起来，把文字、符号和图形进行协同，才能取得比较好的效果，从而提升空间想象能力。

3.多动手、多思考，落实思维训练

空间想象要建立在熟悉事物的具象特征的基础上，多接触、多动手、多思考是建立空间想象能力的主要途径。通过不断进行思维方法训练，完善大脑的思维结构，优化思维方式，可以从根本上提高空间想象能力。

想象力游戏：开启想象，构建空间

折叠正方体

开启游戏

林岚的妈妈在纸盒厂工作，有一天她拿了一个还没有折叠的纸盒板，并在上面做了如图的标记。回家后她问林岚，纸盒折叠后会是A、B、C、D中的哪个正方体？

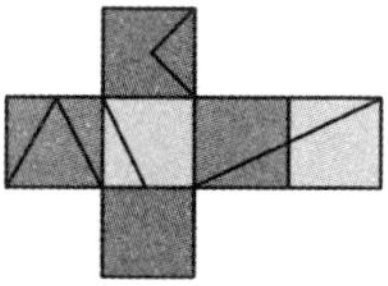

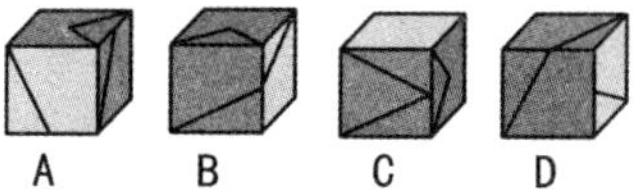

头脑发动机

这个题目考查图形折叠的规律，仔细观察和发挥空间想象力是解决问题的关键所在。我们先来看A，这个答案明显不对，因为正方体右侧面图形中的线条不正确；再看B，符合折叠后的图案形状，所以B是正确答案；C的错误之处在于盒子的空白面和含有一个小等腰三角形的面是相对面，它们不可能相邻；D也是错误的，因为在原本的纸盒图形中，含有斜线的面中有两个是相对面，因此三个面不可能两两相邻。所以，本题的正确答案是B。

多面体纸模型

开启游戏

杨毅最近痴迷手工设计，他将一块硬纸板裁成下面的形状，先沿虚线折叠，再沿实线粘贴起来，做成一个多面体模型。杨毅想知道这个多面体的面数、顶点数和棱数分别是多少，你能看出来吗？

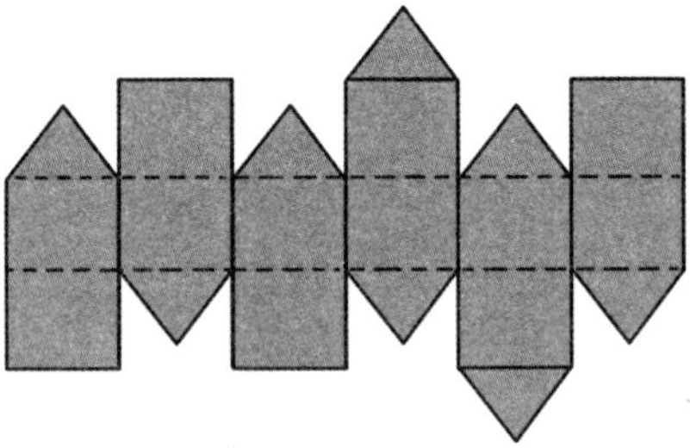

头脑发动机

这个题目乍一看无从着手，但只要认真观察并充分发挥空间想象力，还是能得到正确答案的。先来算这个多面体的面数，这个很容易，直接从侧面展开图中就可以数出来，有12个正方形面和8个三角形面，所以一共是20个面。

多面体的顶点数，这个单凭想象有些难度，我们不妨将多面体的立体图画出来，如下图所示，共有9个顶点；同样，多面体的另一侧也有9个顶点，这样就能得出结论，一共有18个顶点。

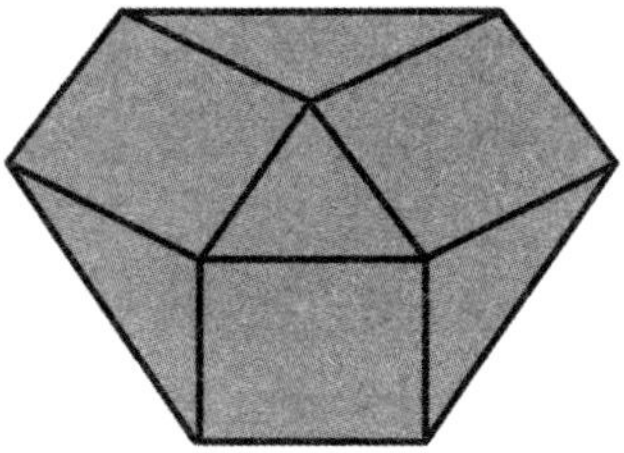

再来算棱数，棱数要分成上、中、下三部分来数，上部还是看上面的示意图，有15条棱；下部和上部一样，也是15条；中间部分从侧面展开图来看，明显有6条棱。所以多面体总的棱数是15+15+6=36。

综上，这个多面体一共有20个面，18个顶点，36条棱。

巧妙颠倒三角形

开启游戏

于曼收集了很多硬币，这天她拿出了10个排列成一个三角形（下方左图）。妈妈问她能不能只移动其中的3个硬币，就让整个三角形上下颠倒。于曼想了很长时间，终于找到了方法，你知道她是怎么做到的吗？

头脑发动机

只移动其中的3个硬币，就让整个三角形上下颠倒，听起来不容易做到。但是，只要仔细观察，并发挥空间想象力，还是能找到答案的。比如，我们可以移动位于三角形三个顶点的硬币，将它们分别放到底部中间的位置，像下图标注的这样。三个黑色的硬币代表原三角形的三个顶点，将它们顺时针移动一下位置（移动方式如箭头标示），就实现了题目中颠倒三角形的要求。

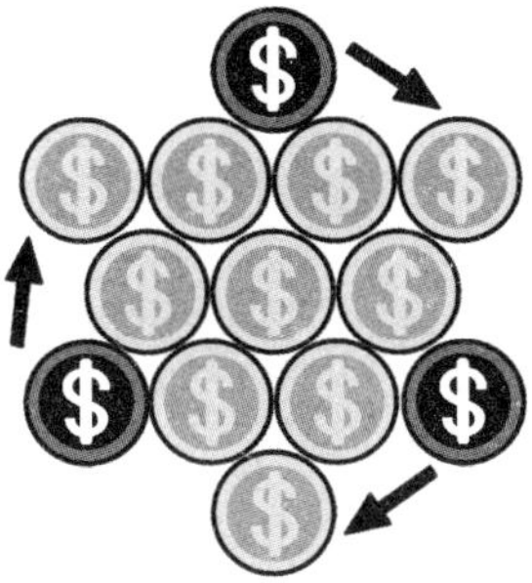

应该填入什么形状

开启游戏

下面这张图的圆圈中包含五角星、圆形、正方形、三角形四种形状，它们的排列呈现一定的规律，你能发现规律，并猜出问号处应该填入什么形状吗？

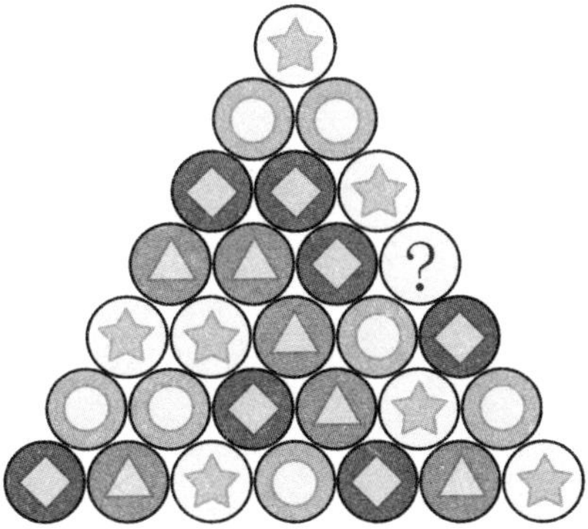

头脑发动机

仔细观察这些圆圈中的形状，我们发现如果将三角形顶端的五角星看作起点，然后沿着逆时针方向来看整个图，所有圆圈里面的形状排列是有规律的：第一个是五角星，第二个是圆形，第三个是正方形，第四个是三角形。

依据这样的规律，就不难看出答案了，问号处应该填入的是三角形。具体排序如下图：

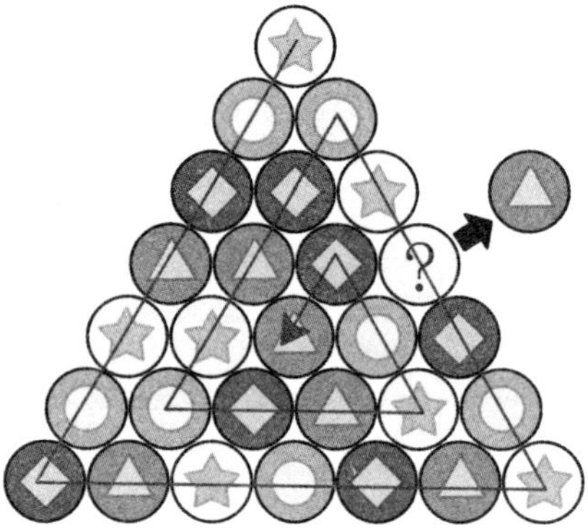

变成两条鱼

开启游戏

林源的爸爸为了锻炼林源的观察力和动手能力，给他画了下面这样一个图形，要求他从白色和黑色的三角形中各剪下大小、形状相同的一块，然后交换位置贴上去，使得整个图形看起来好像有两条鱼。林源觉得很难，你能帮他完成吗？

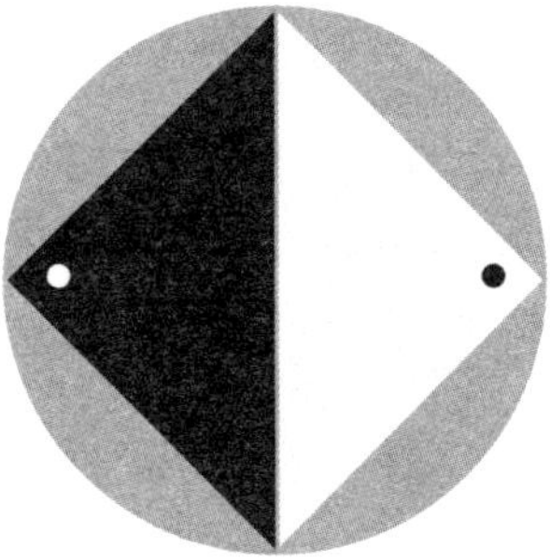

头脑发动机

仔细观察，我们发现图形中的黑点和白点就像是鱼的眼睛，有了眼睛再运用空间想象力来想象出鱼的尾巴所在，这个题目就很容易做出来了。

我们可以先将圆形内的大正方形分成4个小正方形，将左边纯黑色的小正方形沿竖直的对角线裁开，这样就能得到一个黑色的小三角形；同理，在右侧的纯白正方形中，裁出一个白色的小三角形。然后，我们将裁出的黑色三角形粘贴到白色三角形里面，白色三角形粘贴到黑色三角形里面，就得到了两条鱼的形状。如下图所示：

能看到火柴光吗

开启游戏

在一个漆黑的屋子里，有个老人在吸烟。他所处的屋子有两个房间，左侧两间是两个隔间，他在右侧的房间里。这三个房间的墙上和地上都贴满了镜子。这时有人在左侧最上面的房间里划亮了一根火柴，那么抽烟的老人能看到火柴光吗？

头脑发动机

屋子的墙上和地上都贴满了镜子，那么火柴的光芒就会通过镜子反射出去，是否能反射到吸烟老人的房间呢？我们发挥一下空间想象力，发现经由两次反射后，火柴光是能反射到吸烟老人那里的。反射的光如下图所示：

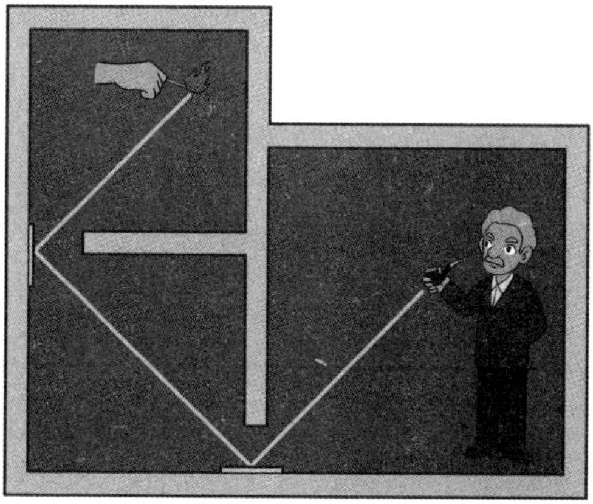

巧妙改字

开启游戏

李敏喜欢玩火柴，这天她用24根火柴组成了三个字：田、禾、田。妈妈看到了，先夸赞她思维敏捷，然后告诉她这三个字不能组词，但是如果移动其中4根火柴，就能变成一个有意义的四字成语。李敏听了很感兴趣，绞尽脑汁终于想出了移动火柴的方法。你知道火柴移动后组成了哪四个字吗？

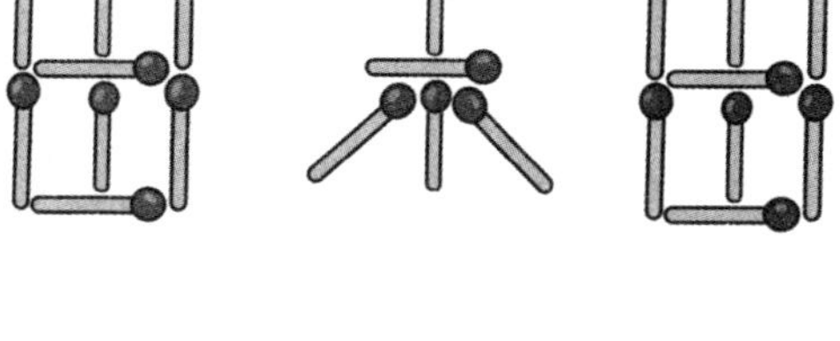

头脑发动机

仔细观察每个字的构成，并发挥空间想象力，我们会想到一个叫“一日千里”的成语，确实只需要移动4根火柴就可以组成这个成语，将第一个“田”中间组成竖的两根火柴取出，一根用来组成汉字“一”，另一根备用；然后我们将“禾”字下面的两根火柴移开，让“禾”字变成“千”字；取出的两根火柴和刚才备用的一根火柴组成“土”字，放在“田”字下面，就成了“里”字。全部完成后的火柴如下图：

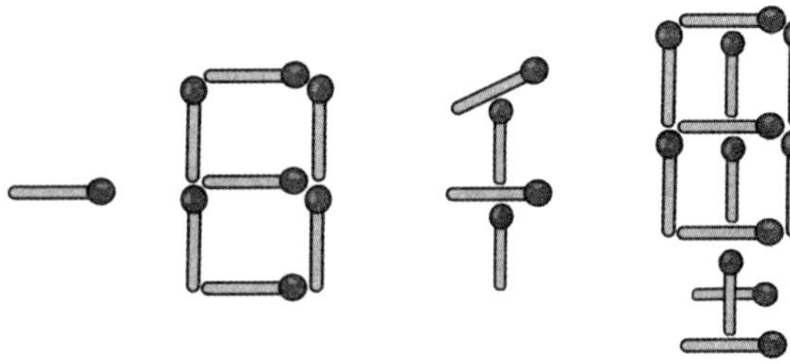

六角星耳环

开启游戏

刘莉是位珠宝设计师，这天她在梳妆盒里看到一只六角星形的水晶耳环，这只耳环已经用了很多年，很旧了。她决定将耳环改造一下，将六角星形改成长方形。你知道该怎么改造吗？

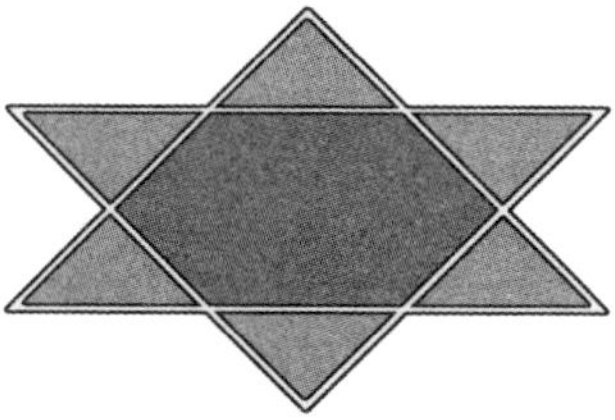

头脑发动机

这个题目很容易，发挥空间想象力，只要我们将六角星最上面和最下面两个角剪下来，然后分别拼到左右的两个缺口上，就可以将六角星形改成长方形了。

只有一面的纸环

开启游戏

美国物理学家理查德·费曼有一次到朋友艾琳家做客，艾琳正在发愁哲学课作业，她说："我们的老师总是提醒我们，任何事物都像纸张一样，有正反两面。"理查德·费曼说："你们老师这句话不对，纸也是可以只有一面的。"说完，他就用一张白纸、一把剪刀和一些胶水，做出了一张只有一面的纸环。你知道如何做出只有一面的纸环吗？

头脑发动机

在常规认知里，一张纸是由正反两面组成的。但德国数学家莫比乌斯发现了一个奇异的现象，一张纸也可以只有一个面，其制作方法很简单：

用剪刀将白纸剪成长方形纸条，宽度可以剪成2.5厘米，长度可以是25厘米；然后将纸条的一端保持不动，另一端扭转180度，再用胶水把两端粘起来。这样就制作成了一个神奇的纸环，也称莫比乌斯环。

如何确认这个纸环只有一面呢？我们可以用彩色笔在纸环上涂色，从任意地方开始，沿着纸面移动涂色，不要跨越纸的边缘，直至回到最初涂色的位置。最后你会发现，纸环的两面都被涂上了颜色，而这恰恰说明了莫比乌斯环只有一面。

寻找咖啡杯

开启游戏

下图所示是一个咖啡杯，显示的是从上面垂直往下看的模样。如果从侧面看的话，会是哪个咖啡杯呢？请仔细观察，并从①~④中选择正确的答案。

头脑发动机

这个题目考验我们的空间想象能力，仔细观察会发现只有②符合题意，其俯视图与原图一致。而①、③和④及其俯视图分别是这样的：

残缺的纸杯

开启游戏

生活中常用的纸杯，去掉底部后，再从中间斜切开来，然后按照图示的方法裁开，它的侧面展开图会是哪个？

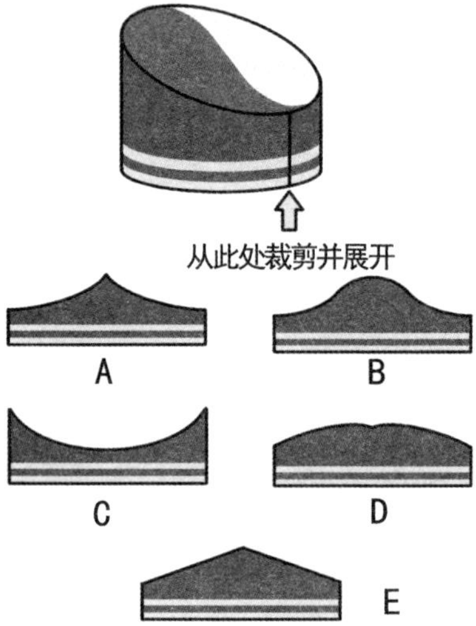

头脑发动机

这个题目需要细心的观察，也需要充分发挥想象力，提供两种思路供参考：

（1）完整的纸杯是圆柱体，展开后是一个长方形。这个图形中圆柱体被斜切了，又从侧面剪开，那么侧面展开图中的两边一定是最低的，中间是最高的，可以排除C和D。再从圆柱体上面的斜切线来看，展开图应该是一条上凸的曲线，而不是直线，那么很明显可以判断出B是正确答案。

（2）实践出真知，可以试着拿出一个纸杯，按照图示的位置进行裁剪，会得到一个B图形的侧面裁切图。

会打结的绳子

开启游戏

为了培养孩子的观察力，龙景的妈妈将绳子摆成以下四种形状，并告诉龙景：“A、B、C、D四根绳子，只有一根能够打成结，其他三根用力拉扯两端后都会把绳结拉开。哪根是会打结的绳子呢？”你能帮龙景找出正确答案吗？

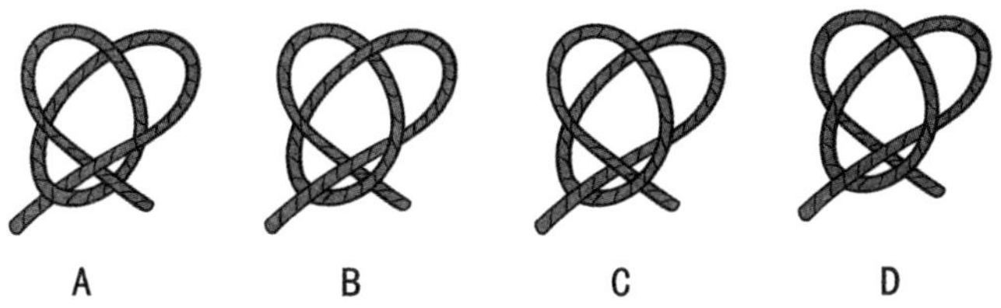

头脑发动机

这个题目的关键是不要被表面的绳头迷了双眼。静下心来，先假定绳子的一端是固定的，想象自己拉起绳子的另一端，顺着绳子仔细观察，运用想象力判断会不会出现打结的情况。我们能发现A、C、D三根绳子的结都是活的，拉开后还是一根绳子。而B则是个死结，会形成打结的情况。所以这个题目的答案是B，不信可以找根绳子来做个验证。

不规则截面

开启游戏

有一个正三棱锥，正中间被挖去一个圆锥体。如果将该物体从任意面剖开，A、B、C、D四个选项中哪个不可能是它的截面？

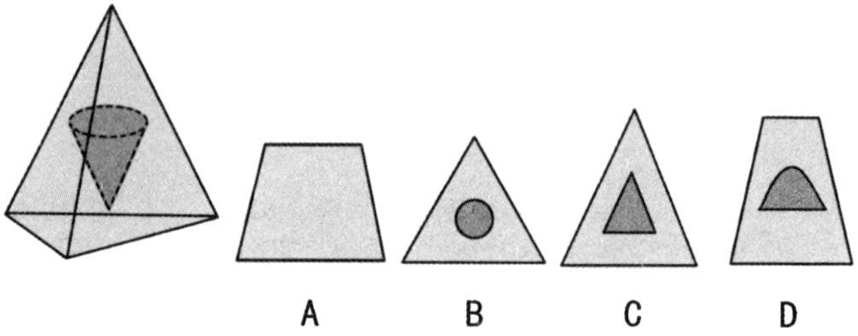

头脑发动机

这个题目同样需要发挥空间想象力，让我们逐个来看。A选项可以截得，只要剖开时切过四个面且不切到内部的圆锥即可；B选项比较容易看出来，直接横切过三棱锥同时切到中间的圆锥即可；C选项不可得，因为内部圆锥体投影后的三角形尖角只能朝向三棱锥的底面，而非顶角；D项也可以截得，只要斜切过四个面并且过中间的圆锥的底部就可以。所以本题答案是C。

蜂巢迷宫

开启游戏

下面是一个蜂巢迷宫，入口和出口均已标注，你能找出走出迷宫的最短路线吗？

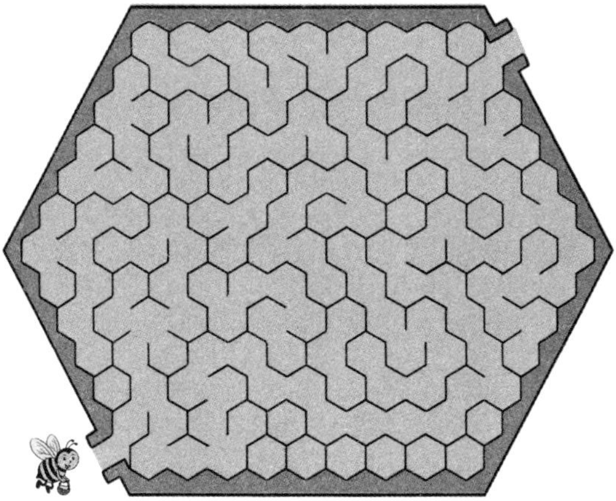

头脑发动机

迷宫有许多种走法，哪条才是最短的路线呢？我们需要明白两个原则：一是两点之间直线最短，二是尽量不要回头和走重复的路，这样很快就能找到最短路线了。试着发挥想象力，找到最短路线吧，下图是供参考的答案。

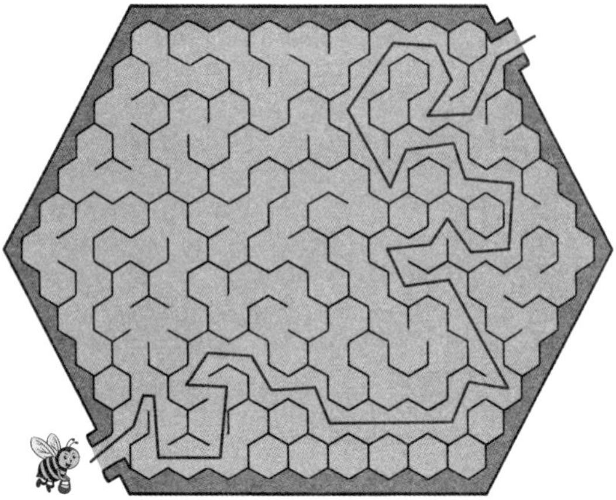

旋转立方体

开启游戏

如图所示，左侧是由小立方体组成的物品，将它旋转后，可以得到右侧的哪个图形？

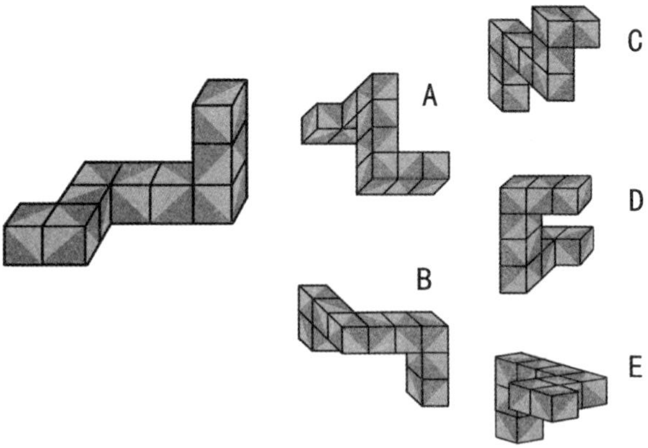

头脑发动机

这道题同样是考验空间想象力的。我们可以看到，左侧图形在同一个平面上有7个小的立方体，而右侧只有E图形有7个小立方体在同一个平面上，因此答案是E。

第三章

联系现实，提升经验想象能力

技巧简介：从现实经验出发，进入想象世界

经验想象是一种具象的想象。它依靠主体在实践基础上获得的感性认识，人在面对原本不了解的问题时，将原有的经验重新进行组合，从而形成新的意识派生物，进行加深对问题的认识。

经验想象强调现实性，在进行经验想象时，我们往往要借助自身经历的事情，或者已经明确掌握的相关知识，因此日常生活的积累就显得格外重要。

经验想象可以运用到生活中的各个层面。《红楼梦》是曹雪芹在自己过往生活经历的基础上加以想象创作出的名著；亨利·戈培尔能够发明灯泡，依靠的是他对精密机械发明的知识积累，还有在观察日常生活后产生的想象力和创造力……可以这么说，几乎所有的文学家、艺术家、科学家，他们的创作和发明都离不开自身丰富的经验和超强的经验想象能力。

如果将20世纪对人类影响最大的食品做个排行榜，方便面绝对榜上有名。

方便面的发明者叫安藤百福，他1910年出生于台湾，后来才回到日本。他发现那时候的人们在凛冽寒风中排着长长的队伍，

只为吃一碗热腾腾的拉面。

做生意失败的安藤百福倍觉苦闷，有一次在吃饭时他突然有了灵感：如果有一种便宜的拉面，只要用开水一泡就能吃到，一定会受到大家的欢迎。

1958年，安藤百福决心研制这种面。他在自家后院揉面做面条，早晨5点起床，一直折腾到深夜。但最初揉出来的面总是松松垮垮，面的保存问题始终无法解决。

直到有一天安藤百福看到夫人在做油炸菜，食品经过油炸之后就变得容易保存了。安藤百福开始想：面条是否也可以油炸一下呢？他马上做了尝试，果然，经过油炸的面条，再用水泡，终于可以长期保存了，而且口感也很棒。就这样，经过一年的反复试验，世界上第一袋“鸡汤方便面”终于问世！

方便面在日本获得成功后，安藤百福又想拓展美国市场。他亲自去美国考察。结果发现美国与日本的生活习惯有很大不同，大家很少有泡方便面的大碗，超市里的人直接问他：你让我们怎么吃呢？

安藤百福意识到，必须生产一种容器用来盛放方便面。在考察结束后回程的飞机上，他被空姐发的果酱容器吸引，带回去研究后，最终选择用泡沫塑料作为制作方便面容器的材料。1971年，世界上第一桶桶装方便面诞生了，并迅速在世界各地畅销。

安藤百福的经历，充分体现了生活经历与经验想象的重要性。

起初，安藤百福是在生活中经历排队后，产生了制作方便面的想法。源于生活，又高于生活，这正是经验想象的基本特征。他在已有的生活经验基础上，产生了一个新的构想，而这是一切发明创造的起源。

后来，他在发明中遇到困难，最后从现实生活中获得灵感。油炸帮他解决了面条不能保存的问题。这个时候，他从已有的经验中获取知识，展开思考，最终找到了解决办法。

再后来，拓展美国市场时，他同样也在现实生活中发现了问题，并运用想象力联想到方便面容器，在参考研究其他包装后，最终解决问题并获得了成功。

在日常生活中，我们该如何提升自己的经验想象能力呢？

1.善于观察生活细节，勤于思考

一个人的观察能力将会直接影响他的想象力。我们在开始想象之前，往往要先了解事物的基本特征，而对生活的观察是这一切的基础。

“观察，观察，再观察”，这句话是俄国著名科学家巴甫洛夫的座右铭。巴甫洛夫为了研究动物的生理活动，连续30多年对动物进行各种实验，经过详细观察和认真思考，提出了“条件反射”和“非条件反射”的概念，对后世影响深远。

2.有丰富的现实经验和知识储备做基础

经验想象是建立在充分的实践经验和知识储备基础上的，要提高想象力，除了要丰富自己的人生阅历之外，也要尽可能地博览群书。因为书是无数前人经验的积累，多读书，就是站在巨人的肩膀上看世界。一个人掌握知识的多少，直接决定着其想象力能达到的高度。

3.始终保持开放的思想，不要局限于原有经验

想象力最大的敌人是固执己见，墨守成规。世界是复杂多变的，一旦陷入原有经验的桎梏，就丧失了产生想象力的动力。广泛的兴趣爱好可以使人思路开阔，多接触新生事物，保持独特的思维与见解，想象力就有了广阔的天地可以尽情发挥。

想象力游戏：发现关联，展开联想

扑克牌找真凶

开启游戏

警官金宇接到报案，说一家酒店里发生了命案，死者是个著名的数学家。金宇带人赶往现场，发现死者的钱包不见了，推测可能是劫财杀人。另外，金宇在死者的手中发现了一张纸牌“K”，除此之外没发现其他线索。

金宇有着丰富的破案经验，在有限的线索中，他充分发挥想象力，最终找到了嫌疑人，你知道他是怎么找到的吗？

头脑发动机

金宇猜想这张纸牌可能表示的是房间号。K代表的是数字13，但这家酒店所有的房间号都是3位数，没有号码是“013”的房间。后来，金宇又想到“牌”的谐音是“π”，而K旋转90度后也类似于“π”，π的数值约等于3.14。所以，金宇猜想数学家想用这张纸牌来提醒大家，凶手住在314房间。后来，他们重点调查了314房间的客人，终于发现了嫌疑人的踪迹。

花瓣游戏

开启游戏

杨永和刘青是很好的朋友，他们经常相约一起外出旅行，有时两人想去的目的地不一致，就会采用花瓣游戏的方式来决定听谁的。花瓣游戏的规则是这样的：两人找到一朵有13片花瓣的花，然后轮流摘去花瓣，一个人每次可以摘去1片或者相邻的2片花瓣，谁摘去最后的花瓣谁就是赢家，另一个人要听他的意见去旅行。

不知从什么时候起，杨永发现玩花瓣游戏的时候刘青总是赢。他最初以为是刘青运气好，但越来越发现好像不是这样的，每次刘青总是满脸自信地说自己绝对会赢。难道真的有什么窍门，杨永百思不得其解，你能想明白刘青用了什么方法获胜吗？

头脑发动机

世上没有绝对的运气，刘青一直能赢得游戏，当然是因为他掌握了一个规则：在花瓣游戏中，他一定要做后摘花瓣的那一个，这样他可以根据杨永之前摘花瓣的情况，来判断自己怎么做才能赢。杨永第一次摘花瓣时，可以选择的只有下面两种情况：

（1）先摘下1片花瓣。

杨永摘下1片花瓣，刘青就在花瓣的另一边摘取2片相邻的花瓣，他会保证剩下的10片花瓣被之前摘取的3片花瓣分成不相连的两组。在之后的摘取中，如果杨永摘下1片，刘青也跟着摘1片。如果杨永摘了2片，刘青也同样摘取2片。并且，刘青摘取的位置永远在另外一组的对应位置。这样下去，刘青一定是最后摘到花瓣的人。

（2）先摘下2片花瓣。

如果杨永先摘下2片花瓣，那么刘青会选择在另一边摘去1片花瓣，这样剩下的依然是10片花瓣，而且刘青同样会保证10片花瓣被分成两组，且被之前摘取的3片花瓣分隔开。这样就和第一种情况一样，刘青会根据杨永摘取的数量和位置，在另一组对应的位置摘花瓣，确保自己是摘到最后那片花瓣的人。

依照这个规则，无论杨永怎样摘下花瓣，刘青都可以确保自己赢得游戏。

被咬的顾客

开启游戏

农民邓伯养了一池甲鱼，这天他背了一筐甲鱼去市场上卖。他知道甲鱼喜欢咬人，所以特意在摊位前竖了一块牌子提醒：“请勿触摸，以防被咬！”顾客越来越多，邓伯也越来越忙，这时候有个叫林青的年轻人趁邓伯不注意就伸手去逗甲鱼，而甲鱼张嘴咬住了他的手指。林青疼得大叫，刚好附近有个卫生院，他直奔门诊而去。医生知道甲鱼咬到东西很难松开，越用力拉扯它咬得越使劲。医生一时也不知道该怎么办才好，有人提出可以把甲鱼弄死，但也怕弄死甲鱼会让它咬得更紧。这时候邓伯匆匆赶了过来，提出一个方法让甲鱼松了口，你知道是什么方法吗？

头脑发动机

让甲鱼松口需要熟知甲鱼的秉性，结合生活经验并展开思考，就不难找出答案。一般来说，甲鱼咬人时，被咬的人如果使劲拉拽的话，甲鱼只会更加使劲地咬。要想让甲鱼松口，可以把它放到熟悉的环境中，比如说放到水中。甲鱼放入水后，林青也不要使劲挣扎，当甲鱼在水中感觉安全后就会慢慢松口。当甲鱼松口后，再进行止血和消毒处理。

分辨生熟鸡蛋

开启游戏

卢月周末在家无聊，就帮妈妈煮鸡蛋，煮完鸡蛋后又把鸡蛋洗了洗放到盘子里，等大家午饭时一起品尝。可是她在放的时候不小心把煮熟的鸡蛋和生鸡蛋混到了一起，从外部无法分辨哪个鸡蛋是生的，哪个鸡蛋是熟的。她又不能打破鸡蛋壳来看生熟，万一是生的就麻烦了。后来妈妈给她出了个主意，顺利分辨出了生鸡蛋和熟鸡蛋。你知道妈妈想的是什么办法吗？

头脑发动机

妈妈是比较有生活经验的人，她在结合自己生活经验的基础上，发挥自己的想象力提出了解决方法。其实，妈妈提出的方法也很简单，就是旋转鸡蛋。那些容易转起来的就是熟鸡蛋，相反，很难旋转的就是生鸡蛋。这是因为煮熟的鸡蛋蛋白和蛋黄成为一个整体，容易转动；而生鸡蛋的蛋清是液体，所以旋转起来会很快停下。

绚丽的彩纸是什么

开启游戏

1901年5月，因为海上雾太大，荷兰汽船“塔姆波拉”号在东印度群岛触礁沉没。船上的东西漂得到处都是，附近小岛上的居民帮忙救人，幸存者很快被送回各自的国家。居民想到海上还漂着各种东西，于是划着船出海打捞。有个居民出海比较晚，好东西都被别人捞完了，他只捞到一捆花花绿绿的纸，他觉得这些彩纸还算绚丽，贴在墙上还挺好看。

后来有外国商人来岛上做生意，捞了彩纸的这个居民想要换些针线，但他不知道自己家里的什么东西可以换，于是带着商人来到家里，让商人自己来选择。商人来到这个居民家后大吃一惊，一眼就看中了墙上的彩纸，说他只要这些彩纸就可以了，自己会把这次带的针线全部送给这个居民。

你能猜到这些彩纸是什么吗?

头脑发动机

从商人的表现来看，这些彩纸一定是很珍贵、很值钱的，所以他才会吃惊，并用自己这次带的所有针线来交换。联系现实想一下，彩色的、花花绿绿的、很珍贵的纸，你能想到什么呢?没错，这些被用来当壁纸的彩纸其实就是荷兰纸币。而岛上的居民没有见过外国纸币，所以才不知道它的价值。

巧妙渡河

开启游戏

杨明去乡下爷爷家玩，爷爷让他给河对岸的舅舅家送些东西。要送的东西分别是一条狗、一只鹅和一些白菜。杨明带着狗、鹅和白菜来到河边，但是河边只有一条小船，船非常狭小，每次只能让杨明自己坐上并带走狗、鹅和白菜中的一样东西。但是，如果杨明不在的话，狗就会咬鹅，鹅就会吃白菜，不过狗并不吃白菜。杨明想了想，很快想出一个办法将狗、鹅和白菜全部送到对岸。你知道他是怎么做到的吗？

头脑发动机

这种情况确实让人感觉为难，无论如何渡河，河的两岸都会出现人不在场的情况，如何才能避免狗咬鹅、鹅吃白菜的情况呢？其实，只要充分发挥想象力，还是能完美解决这个问题的。这里提供一种思路：

杨明可以往返4次来运送东西。第1次，杨明带着鹅乘船，将狗和白菜留在岸边，可以确保白菜不被吃掉。将鹅送到对岸后，杨明乘船回来。第2次，杨明将狗带过河，可能大家会疑惑，将狗带过去后，狗不是会咬鹅吗？的确如此，所以返程的时候杨明要将鹅带回，只留狗在对岸。第3次，杨明将鹅留在岸边，带着白菜坐船去对岸，这样对岸留下的就是狗和白菜，它们可以相安无事。杨明再独自乘船回去。第4次，杨明将鹅带到对岸。这样狗、鹅和白菜就全部安然无恙地运到对岸了。

题目中没有规定运送次数的限制，也没有规定返程不可以带回东西，所以我们只要能打破常规，联系现实来思考问题，就一定能找到解决问题的方法。

磬为何会不敲自鸣

开启游戏

紫云寺的慧云法师喜欢乐器，这天他在山下买了一个磬。磬是一种打击乐器，用石头制成，形状像曲尺，演奏时声音清脆，让人心旷神怡。慧云法师很喜欢这个磬，就将它收藏到自己居住的房间。说来也怪，这磬不时会自己发出声响，声音虽然听起来依然清脆，却总让人心里发慌。

慧云法师去山下问了卖家。卖家说自己卖磬十多年了，从未遇见这样的怪事，于是和慧云法师一起去山上看。初到寺院时磬并无异常，中午吃饭时寺院里传来洪亮的钟声，而此时房中的磬也跟着响了起来。卖家同样被吓了一跳，以为寺院里有鬼，他大声尖叫着跑下了山。

卖家的举动引起了山上其他人的注意，有个探险家拦住他并询问情况，卖家慌慌张张地说完就准备跑，探险家哈哈大笑："放心吧，不是你卖的磬有问题，也不是寺院闹鬼，你现在带我去看，我处理之后保证磬不会再自己响了。"卖家半信半疑，硬着头皮带他去了慧云法师的房间。经过探险家处理后，磬果然不再自己发声了。

你知道磬是怎么自己发出声响的吗？探险家又做了什么，使得磬不再自动发出声音？

头脑发动机

无人演奏的时候，乐器自动发出声音，这事儿乍一听确实透着诡异，难怪会让法师疑惑，还吓坏了卖家。事实上，这件事情的背后隐藏着科学原理。物理学上有个名词叫“共振”，指的是一物理系统在特定频率下，比在其他频率下以更大的振幅做振动的情形。声学中管这种现象叫“共鸣”，指的是物体因共振而发声的现象，比如两个频率相同的音叉靠近，其中一个振动发声时，另一个也会发声。

在上面的故事中，寺院的钟和慧云法师的磬有着相近的振动频率，因此两者之间会发生共鸣。也就是说，当寺院的钟声响起时，磬也会以相近的频率发声。这就是磬无人演奏也会发声的秘密。要改变这种情况，只要改变两者中任何一个的振动频率即可。探险家只要在磬上稍微开几处缺口，就能改变磬的振动频率，这样磬和钟就不会产生共鸣现象，自然也就不会出现磬自己发出声响的情况了。

悬在空中的保安

开启游戏

珠宝商场在深夜遭遇了盗窃，价值几十万元的珠宝被抢劫一空，商场的保安刘亮被悬空吊在顶楼的房梁上。警察杨安到现场后得知，清晨第一个来上班的人发现情况不对，当时商场的大门被破坏了，而保安刘亮正悬挂在房梁上。

接着警察传唤了被解救的刘亮，刘亮将晚上发生的事情告诉了警察。凌晨2时许，有两个强盗闯进了商场，他们先是破坏了摄像头，打伤了刘亮，然后将珠宝洗劫一空，最后将刘亮带到顶楼，在他的腰部拴了一根绳子后将他吊到房梁上。

杨安仔细勘验了现场，发现门外有一个梯子，可能是盗贼曾经使用过的，而保安刘亮被吊的地方没有任何可疑痕迹。杨安和同行的警察交换了个眼神，暂时排除了刘亮的嫌疑，因为当时商场空无一人，不借助外人帮忙的话，他无法把自己吊在房梁上。然而没过几天，偷盗珠宝的人被抓住了，正是保安刘亮。杨安很纳闷，在没有任何人帮助的情况下，刘亮是怎么把自己悬吊到半空中的？你能想明白其中的关键并为他解惑吗？

头脑发动机

不借助外人帮忙就将自己悬挂到半空中，听起来很不可思议，一般情况下确实无法做到。但刘亮可以借助工具的帮助，并且可以不在现场留下证据，这件工具就是冰块。假如刘亮提前将冰块放进冷藏库中，在把珠宝偷走后，他破坏了摄像头，还用梯子将绳子的一端系到房梁上，然后移走梯子，再将冰块搬到绳子下面，踩着冰块上去将绳子绑到腰间，最后随着冰块的融化，就会出现自己吊在空中的情况。而因为冰块已经融化，现场也不会留下证据了。

打了多少环

开启游戏

新兵训练时，邓睦、李鹤、赵君、景田四人要接受教官训练，教官让邓睦、李鹤、赵君三人去练习射击，并让他们打靶完之后汇报自己所打的环数，并且各说三句话，这三句话中必须有两真一假。而景田在他们射击的时候必须在外面跑步，跑完步回来从这三人的对话中判断他们各自打了多少环，如果判断不出来，下午四人要继续训练。

景田跑完步回来，得知靶上的成绩分别是240环、200环、180环。邓睦说："我打中了180环。我比李鹤少40环。我比赵君多20环。"李鹤说："我打中的环数不是最少的。我和赵君相差60环。赵君打中了240环。"赵君说："我打中的环数比邓睦的少。邓睦打中200环。李鹤打中的环数比邓睦的多60环。"

景田听得头晕，每个人说的话中都有一句假话，这该如何判断三个人各自射击的环数呢？你能帮帮他吗？

头脑发动机

要判断三人各自射击的环数，我们需要联系现实，并发挥想象力。因为每个人说的话中都有两句真话一句假话，我们就需要先来判断哪句是真，哪句是假。

我们先假设邓睦说的第一句话"我打中了180环"是真话，那么赵君说的"邓睦打中200环"就是假话，那么他说的"我打中的环数比邓睦的少"就是真话，可是实际上邓睦打中180环已经是最少的，赵君不可能比他还少。因此，这个假设前提不成立，也就是说邓睦说的第一句话是假话。

因为每个人只有一句假话，所以邓睦说的后两句话"我比李鹤少40环""我比赵君多20环"就是真话，因此可知邓睦打中的环数是中间的数值，就是200环，而李鹤打了240环，赵君打了180环。综上所述，本次射击比赛中邓睦打了200环，李鹤打了240环，赵君打了180环。

开关是什么

开启游戏

杨欢的朋友王岚很喜欢油画，杨欢送给他一幅米勒《拾穗者》的复制品，王岚很喜欢，一直放在自己的卧室。杨欢的真实身份是警察，他接近王岚是因为怀疑他是贩毒者。这天，杨欢又带了一幅油画去王岚家，意外地发现王岚家中发生了枪战，有个警察中弹且伤势严重，而王岚不见踪影。

杨欢马上低下身去查看这个警察的伤势，这个警察指着床底，断断续续地说："王岚逃了……证据在那……开关……米……"最后一个字杨欢没有听清，说完，这个警察永远地闭上了眼睛。

杨欢掀开床，发现床底有个盖板一样的东西，但无论他如何用力也打不开。他想起这个警察临死前说的“米……”，难道那幅米勒的画中有机关？他马上去看画，却什么也没有发现。突然，他看到了一架钢琴，忽然想到了什么，于是采取了一个措施，结果顺利打开了盖板，里面藏着的正是王岚贩毒的证据。

你知道这个警察说的是什么吗？杨欢又是做了什么才打开机关的呢？

头脑发动机

这个警察说的“米……”可能指的是米勒，也可能有其他含义，这就需要我们发挥想象力。案例中杨欢是看到钢琴才找到证据的，证据或许和钢琴有关。在音乐里，正好有一个音符的发音是“mi”。那么警察说的可能是音符“mi”，而屋子里正好有一架钢琴，或许直接弹奏出这个音符就可以打开开关。实际上，杨欢确实也是想到这一点，才果断弹奏出了音符，并打开盖板找到了证据。

审问石头的县官

开启游戏

从前，有个很聪明的县官，经常帮助穷苦百姓，很受人爱戴。这天，他出门拜访好友，路上遇到了一个卖油条的小男孩。小男孩坐在路边一块大石头旁大哭，县官就问他遇到了什么事儿。男孩哭哭啼啼地说："我今天卖了一天的油条，好不容易卖了100枚铜钱。因为太累坐在这里靠着石头就睡着了，谁知道醒来钱就不见了。我娘生病了，还等我拿钱回家买药治病呢，呜呜呜……"

县官听后仔细想了会儿，说："我知道是谁偷了钱，就是这块石头！来人，给我打这石头50大板！"跟随的差役听命后，抡起大板就打石头，附近的人都围过来看。县官见来的人越来越多，就命差役住手，并对大家说："这孩子丢了卖油条的钱，家里母亲还生病等着钱去救命，在场的人有一个算一个，每人给这孩子一枚铜钱吧！"说完，他命差役端来一盆水，自己扔了一枚铜钱进去。围观的人也都是热心肠，听县官这么说都纷纷把铜钱扔进盆里。扔着扔着，县官突然指着一个人说："抓住他，就是他偷了这孩子卖油条的钱。"差役将那人捉住，审问之下那人招认自己是个小偷，正是他偷了孩子的钱。

县官是怎么判断出这人就是小偷呢？

头脑发动机

因为孩子是卖油条的，所以他收的铜钱上一定有油。所以县官之前审问石头的目的就是吸引人来围观。让大家扔铜钱，也不是简单地为了救助孩子，而是为了抓小偷。沾了油的铜钱扔到盆里，一定会漂起油花，这样就能很快分辨出谁是小偷了。

鸡和鸭的数量

开启游戏

张念去乡下找朋友，走了许久又累又饿，还不幸迷路了，还好遇到一个养鸡和鸭的老妇人。张念上前说："伯母好，我迷路了，能向你打听下路，再讨杯水喝吗？"老妇人看了看他，说："我看你是个文化人，我给你出个题目，答对了我留你吃饭再给你指路，答错的话，你从哪儿来还回哪儿去吧。"张念没有办法，只好答应下来。

老妇人说："题目也简单，猜对我这里有多少只鸡和鸭就可以，不过我这里鸡鸭都是散养的，这里只有一部分鸡和一部分鸭，其他的不在这个院子里，只有晚上才会回来。如果你不想等到晚上，我可以给你一个提示：'用鸡的数量乘以鸭的数量，这个乘积放在镜子里照一下，镜子反射出来的也是正常数字，而且正好是鸡的数量和鸭的数量的总和。'好了，我先去忙了，你想出答案了就告诉我。"

张念愣了会儿，忽然明白了鸡和鸭各有多少只，你能想明白吗？

头脑发动机

根据镜子反射的原理，镜子反射出来还能是正常数字的只有0、1和8。因为老妇人养的是鸡和鸭，数字不可能是0，那么就只有1和8了。结合现实生活的经验，并在脑海中迅速发挥想象力，我们可以得出结论，鸡的数量和鸭的数量的乘积是81，数量之和是18，所以它们的数量分别都是9只。

辨别开关与灯

开启游戏

李良身在一条长长的走廊中，身后的墙上有三个开关。这三个开关分别控制着三盏白炽灯，灯在走廊另一头的一个房间里。现在李良的任务是想办法找到开关和灯的对应关系，而且李良只能进入有白炽灯的房间一次。李良看了看，他站的位置根本看不到灯光，他想了想，很快想到一个可以找到灯和开关对应关系的办法。你知道他是怎么做到的吗?

头脑发动机

只进入一次房间，就要分辨3个开关和灯的对应关系，听起来没有办法做到。但是联系现实生活中的经验，并发挥想象力，这件事是完全可以做到的。我们都知道白炽灯点亮后会发热，所以可以结合这个特征来设计方案。首先我们可以打开第一个开关，过一段时间后关掉，再开第二个开关，然后我们进入房间。目前正在亮着的灯是第二个开关控制的，然后摸一摸不亮的两个灯，比较烫的就是第一个开关控制的，因为它刚刚亮过，所以会发热，剩下的那个既没有温度又没有亮的灯就是第三个开关控制的。

是自杀还是他杀

开启游戏

春天的时候，警官梁丹接到报警，山岭上发现一具尸体，疑似自杀。梁丹迅速带人赶往现场，死者是位中年女性，她躺在悬崖边，身体看起来没有外伤，也没有其他异常，死者周围开满了鲜花，她的手边零散地放着一些零食、红酒、书和日记本，零食被吃了一部分，红酒剩下一半。梁丹看了看，死者的日记里记载着自己有抑郁症和想要自杀的想法，还写自己对花粉过敏，每到春天就格外烦躁。随行的警察检查了红酒，发现酒瓶上有剧毒氰化钾，而死者看起来也像是中毒而亡。有人说："看起来像是喝毒药自杀了。"梁丹说："不，她一定是他杀，迅速调查她生前来往的人，看是谁将她带到这里来的。"

请问，梁丹警官是如何判断死者是他杀，而不是自杀呢？

头脑发动机

如果充分观察并联系现实，就会发现这个布置有个漏洞：死者对花粉过敏。一个对鲜花过敏的人，是不会选择在百花齐放的悬崖上自杀的。就算她真的选择在这里自杀，那么，因为花粉过敏，她的皮肤上应该会有红点之类的过敏症状，但现场并没有发现死者的皮肤有异常。所以凶手应该是在其他地方杀害了死者，然后将这里伪装成了自杀现场。

杨大娘卖活鸭

开启游戏

杨大娘挑了两筐小鸭沿街叫卖，天色有点晚了，还有几只小鸭没有卖完，她有些着急。这时候过来了三个年轻人杨欢、刘亮和吴萌，他们正要去福利院看望小朋友，就商量着买些小鸭送给孩子们。杨欢说："大娘，我买鸭子总数的一半零半只。"刘亮说："我买他买剩下的一半零半只。"吴萌说："我买他俩买剩下的一半零半只。"杨大娘听了他们的话以为是在开玩笑："我这些小鸭可都是活蹦乱跳的，不能卖半只。"杨欢说："大娘，你仔细算一下嘛，我们是诚心来买的。"杨大娘仔细想了一下后，开开心心地把鸭子卖给三个年轻人，正好卖完了。你能猜出来三人没有购买之前杨大娘一共有多少只鸭子，杨欢、刘亮和吴萌又各自买了多少只吗？

头脑发动机

在这个题目中，第三个购买的吴萌说“买他俩买剩下的一半零半只”，刚好把鸭子买完了，这说明半只是前两人购买后剩下鸭子的一半，所以吴萌购买的是1只鸭子。

再继续推理，刘亮购买“剩下的一半零半只”，所以刘亮购买之后剩余的一半是1.5只，也就是说刘亮购买之前剩余了3只。

同理，杨欢购买之后剩余的一半是3.5只鸭子，他购买之前就有7只鸭子。

也就是说，三个年轻人没有购买的时候，杨大娘有7只鸭子，杨欢购买了7/2+0.5=4只，刘亮购买了（7−4）/2+0.5=2只，吴萌购买了（7−6）/2+0.5=1只。

将军巧点兵

开启游戏

韩信是西汉开国功臣，也是历史上著名的将军。韩信在战场上用兵如神，同时自己也非常爱护士兵。有一次韩信领命带领1500名士兵打仗，战后粗略估计有四五百人殒命。韩信整顿军队，想要知道现在确切的士兵人数，又不想大动干戈排队点名，于是想了一个办法。他命令士兵每3人排成一排，结果发现多出2名士兵；又命令士兵每5人排成一排，结果多出3名士兵，最后命令士兵每7人排成一排，结果多出2名士兵。

很快，韩信就知道了目前剩余的兵力。你知道还有多少士兵吗？

头脑发动机

1000多人点名确实是件很麻烦的事，而通过列队就能得出现有士兵的数量，不得不说韩信是个很聪明的人。从已知条件来看：

（1）士兵每3人排一排多2人，说明总人数被3除余2；

（2）士兵每5人排一排多3人，说明总人数被5除余3；

（3）士兵每7人排一排多2人，说明总人数被7除余2。

通过条件1和条件3可知，总人数被3和7除都余2，那么被3和7的最小公倍数21除也会余2，所以这个数字至少是23，因为23被21除余2。同时，我们发现23被5除余3，也满足条件2，所以同时满足3个条件的最小数字是23。

我们又知道3、5、7的最小公倍数是$3\times5\times7=105$，那么现有士兵的总人数必然是105的倍数再加上23。再根据粗略估计，1500个士兵中死亡人数是400到500，那么现有士兵的总人数在1000到1100。我们可以推算出现在士兵的总人数为：$105\times10+23=1073$（人）。

最神秘的小偷

开启游戏

沈万三是明朝首屈一指的富商，有一次他邀请其他商人及其家眷参加宴会。宴会是在他的一个别院举行的，别院风景秀美，绿树成荫。吃过饭后，沈万三带着大家在别院参观，客人的夫人们在旁边的小亭中休憩。忽然有位夫人说自己的一对耳环不见了，原来她喝得有点多，想要趴在石桌上休息会儿，休息之前她迷迷糊糊地将耳环摘掉放在旁边的凳子上，醒来却发现耳环不见了。沈万三家的仆人很多，大家纷纷说看到夫人在亭子中休息，都没有人过来打扰，不知道为何会丢了东西。还有个丫鬟说，自己上个月也丢了一些珠花，在园中晾晒的时候，不知被谁偷了去。沈万三治家一向严格，听说家中竟然出了偷窃的事儿，十分恼怒，下令谁能找到小偷悬赏白银千两。

这时候一个仆人走出来说："那棵树上刚好有个喜鹊窝，我觉得可以搬把梯子上去看看，或许就在鸟窝里。"沈万三有些疑惑，但还是命人爬上去看，果然，丢失的珠花和耳环都在鸟窝里。沈万三大喜，还有些纳闷地问仆人："你是怎么知道珠宝在树上的呢？"仆人解释之后，大家都明白了怎么回事。沈万三依言赏赐他白银千两，还让他做了自己的贴身仆人。

聪明的你知道小偷是谁吗？

头脑发动机

当排除了人为偷盗的可能之后，就要考虑其他情况，这就需要在结合现实的基础上发挥想象力。我们知道，有些小鸟最喜欢闪闪亮亮的珠宝，如喜鹊、乌鸦还有天堂鸟等，可能是它们趁人不注意偷走了珠宝。这个案例里，仆人发现树上有个喜鹊窝，就联想到喜鹊可能会偷珠宝，事实证明他是对的。

撞人逃跑事件

开启游戏

20世纪90年代一个小山村发生了一起交通事故：有个人夜里驾着驴车赶路，结果下坡的时候因为速度过快，将旁边赶路的行人李某撞倒了。李某当时受了伤，同行的人都赶忙去看他的伤势，而驴车的主人却趁乱丢下驴和车逃跑了。李某住院期间的医疗费相当高，他越想越难过，该怎么找到驴的主人呢？同病房的人给他出了个主意，他听后觉得很有道理就照着做了，结果还真的找到了驴车的主人。你知道他是怎么做到的吗？

头脑发动机

20世纪90年代，没有监控，无法查看肇事者的逃跑路线。

事发突然，受害者在夜晚也看不清驾车人的脸。事情似乎陷入了僵局，但是结合生活实际，还是有找到驾车人的办法的。比如说放驴子出去，让它自己走，如果它认识路的话，还有可能回到主人家的。实际上，受害人正是这么做的，还真的找到了驴子的主人，也就是驾车撞人的肇事者。

发现葡萄酒保鲜技术

开启游戏

路易斯·巴斯德是法国著名微生物学家，他研究过微生物的类型、繁殖、作用等，在战胜狂犬病、霍乱、炭疽病等方面都取得过巨大成果。

有段时间，巴斯德在研究葡萄酒的储存方法，却一直没有进展。他发现葡萄酒在储存时会变酸，经过多次研究，他发现葡萄酒变酸的原因是一种细菌在起作用，可是，如果简单地采用高温的方法将葡萄酒煮沸杀菌，又肯定会影响葡萄酒的质量。他想了许多办法都无法解决这个问题。

有一年冬天，巴斯德请几位朋友来家中做客，当时外面正下着大雪，巴斯德用葡萄酒招待大家。为了让葡萄酒不太冷，他将酒倒进铜壶并放在火炉上稍微加热。那天巴斯德温了太多的葡萄酒，大家没有喝完，后来他将剩下的酒重新装进瓶子里随手放了起来。

第二年夏天，巴斯德突然看到这些酒瓶，以为里面的酒早已变质。不料打开之后这些酒依旧芬芳异常，一点儿也没有变质。巴斯德因此打开思路，又经过许多试验后终于找到了葡萄酒的储存方法。葡萄酒保鲜技术的发明，不仅大大增加了葡萄酒的产量，也给其他饮料行业带来了许多商机。

那么，问题来了，巴斯德发明了怎样的保鲜技术？

头脑发动机

优秀的人都善于从现实生活中找到解决问题的方法，巴斯德就是这样，他从偶然中发现了必然的规律，通过运用自己的想象力并加以验证，改变了整个葡萄酒行业的面貌。

巴斯德将酒温热后随手放了起来，结果意外得到美酒，或许将葡萄酒稍微加热，然后密闭储存，就能达到消灭让葡萄酒变酸的细菌，同时又能保持原本味道的目的。他在此基础上不断进行试验，终于发明了葡萄酒的保鲜技术。之后他又研究了不同种类的葡萄酒，终于发现了不同酒需要加温的具体度数，从而达到更好的储存效果。

破解表白密码信

开启游戏

王雨喜欢蓝欣很久了，但一直不敢表白。这天她收到了蓝欣的一封信，上面写着一行数字“9121522521”，莫非蓝欣也喜欢她，这是他的表白信？可是到底是什么意思，王雨怎么也看不明白，你知道是什么意思吗？

头脑发动机

这样一串数字的确让人感到困惑，这个时候我们可以发挥想象力，比如把26个字母做个排序，1代表A，2代表B，如此排序如下：

A（1）B（2）C（3）D（4）E（5）F（6）G（7）H（8）I（9）J（10）K（11）L（12）M（13）N（14）O（15）P（16）Q（17）R（18）S（19）T（20）U（21）V（22）W（23）X（24）Y（25）Z（26）。

再来看这串数字9121522521，9代表I，12代表L，15代表O，22代表V，5代表E，21代表U，串联起来就是I LOVE U，所以这是一封表白的密码信。

蜘蛛、军队与战争

开启游戏

拿破仑是法国伟大的军事家。1805年冬天，他带领军队开赴荷兰，想要一举攻下荷兰。荷兰人知道正面作战一定打不过拿破仑，于是他们想了一个办法：打开水闸，放大水淹没拿破仑大军的必经之路。事实上，这一招确实让拿破仑措手不及，他一筹莫展，无奈之下只好下令撤军。

撤军的途中，拿破仑突然看到一只正在大量吐丝的蜘蛛。他笑了，心里暗想："这实在是太幸运了，我一定会马到成功。"很快，他下了新的命令，令大军停止撤退并原地驻扎，军队正常进行操练。两天之后，拿破仑带着军队攻破了荷兰防线。你知道他是怎么做到的吗？

头脑发动机

拿破仑作为著名军事家，能够联系现实，并发现事情之间的关联，从而做出正确的判断。在这场战役中，功劳最大的要算蜘蛛了。蜘蛛大量吐丝，这是冬季寒潮来临的信号。因为知道这个自然知识，所以拿破仑看到蜘蛛结网，就知道天气马上要变冷了，到时候气温降低，水就会结冰，而他们就可以从厚厚的冰层上顺利通过了。而在寒潮来临之前，他只需要耐心等待即可。

哪里有漏洞

开启游戏

顾念是蓝雨欣很不喜欢的远房亲戚，但她最近到了蓝雨欣所在的城市，一直想来拜访她。这天蓝雨欣又接到顾念的电话，说想要在三周之后的一个下午来看望她。蓝雨欣这样回复她："真是不好意思啊，我那天安排得比较满，中午要去参加一个朋友的婚礼，下午要赶去外地参加葬礼，晚上又是我朋友的生日聚会，实在是抽不出时间来接待你呢。"顾念顿了顿，这样回复她："如果你不想见我，可以直说，为什么编这些谎话呢？"蓝雨欣有点不明白，顾念怎么知道自己说的是谎话呢？你能看出哪里有漏洞吗？

头脑发动机

漏洞是蓝雨欣说话的时候没有考虑现实生活的情况，谁会提前三周把葬礼安排妥当呢？这分明是因为不想接待人，所以临时编造的谎言。只是编的水平有点低，很容易就被有生活常识的人识破了。

结婚纪念日的谎言

开启游戏

周五晚上，黄悦带着老公去蓝月亮酒店吃饭，用餐中，她叫来服务员说："今天是我们的结婚纪念日，要不要送我们一瓶香槟？"服务员说："祝贺两位，你们是什么时候结婚的呀？看起来真的好幸福。”黄悦说：“28年前的今天，我和老公在海边举行了婚礼，那天是星期天，我们邀请了上百位亲朋好友一起见证了我们的婚礼……”服务员耐心地听完，然后回复她说：“好的，我这就去请示一下经理，请稍后。”经理听完服务员的话，只轻轻笑了笑，说：“这位夫人是胡说的，给她一瓶普通的葡萄酒，她如果抱怨，就说今天根本不是她的结婚纪念日，我们不给撒谎欺骗的人提供额外服务。”黄悦确实是说了假话，她比较喜欢贪小便宜，所以会这么跟服务员要求。但是经理是怎么看出破绽的，你知道吗？

头脑发动机

要看破黄悦的谎言，我们需要些生活常识，并能在此基础上展开联想。每隔28年，日期就会重复一次。也就是说，如果黄悦是28年前的今天结婚的，那么他们结婚那天应该也是周五，而不是她说的周日，因此可知黄悦是在说谎，只不过想要占些小便宜罢了。

双胞胎的问题

开启游戏

一天下午放学，林言在校门口接孩子的时候，看到两对长得一模一样的孩子，觉得他们肯定是双胞胎。为了印证自己的想法，他就好奇地问第一对孩子："你俩是双胞胎吧？"谁知两个孩子异口同声："不是！"然后就一溜烟跑远了。第二对孩子走过来，林言依旧没按捺住自己的好奇心，他问："你俩是双胞胎吗？"这次两个孩子回答："是的，但我俩不是同年同月同日生的。"林言特别好奇，这究竟是怎么回事呢？

头脑发动机

不得不说，孩子们的回答真的挺让人费解，但冷静下来想想，还是能想明白其中的关键。比如，第一对孩子，他们不是双胞胎，但长得那么像，他们有可能是三胞胎或者四胞胎。至于第二对孩子，双胞胎也有可能不是同一年出生的，如在跨年夜那天，一个孩子出生在11点59分，另一个孩子出生在0点1分，虽然只相差2分钟，但确实不是同年同月同日出生的。

在图书馆相遇的时间

开启游戏

李媛、杨玲、宋瑶、何玉四个人是高中同学，后来又考入同一所大学，她们都会去学校的图书馆借书。李媛看书速度很快，她一般每隔5天就去一次图书馆；杨玲看得稍慢，一般每隔11天去借书一次；宋瑶看书更慢，一般是每隔17天去一次图书馆；何玉不喜欢看书，但为了不落下学习进度，也会每隔29天去一次图书馆。5月18日那天，她们四人在图书馆遇见了，彼此都很惊喜，相互说了来借书的规律后，李媛开始在心里推算下次在图书馆相遇的日期。你能帮她算出来吗？

头脑发动机

在开始计算之前，我们需要先搞清楚“每隔N天去一次”的意思，其实就是每N+1天去一次。结合题目，我们可以知道李媛是每6天去一次图书馆，杨玲是每12天去一次，宋瑶是每18天去一次，何玉是每30天去一次。然后我们需要计算6、12、18、30的最小公倍数。

几个数共有的倍数叫作这几个数的公倍数，其中除0以外最小的一个公倍数，叫作这几个数的最小公倍数。6、12、18、30的最小公倍数为180，也就是说，再过180天，李媛、杨玲、宋瑶、何玉四人才能再相遇。

从5月18日算起，180天后她们可以相遇，考虑到5、7、8、10这四个月有31天，因此她们下次在图书馆相遇的时间应该是11月14日。

第四章

勾勒画面，提升情境想象能力

技巧简介：把文字符号变成鲜明生动的画面

情境想象，是将各种外在情境在大脑中进行重现的过程，它建立在多种情境基础上，既包括已经发生的事情，还包括通过文字、符号、电影、图片等媒介了解到的知识等。

情境想象，是解决现实问题的关键。它力求把单调的文字符号变成鲜明、生动、形象的画面，通过创设情境，激发想象，进而提升自身的问题解决能力。

情境想象的运用十分广泛。演员进行表演时必然要先在脑海中创设情境，这样在拍摄时才能更好地表现出情绪和动作。而在生活中，不管是数学逻辑，还是推理思维，都离不开情境想象。经典的鸡兔同笼问题，借助情境想象会更容易理解。

李·斯特拉斯伯格是美国知名演员、导演和表演教师。他发展了方法派表演理论，是众多好莱坞一线大咖“背后的男人”，被称为“美国方法派表演之父”。

作为美国表演教育界的头号人物，斯特拉斯伯格年轻时师从斯坦尼拉夫斯基学习表演，他曾多次细致观摩知名演员的演出，并大量研读表演、心理学书籍，最终学有所成。

1931年，李·斯特拉斯伯格和朋友一起创办了团体剧场，被誉为“美国第一个真正的戏剧集体”。剧团最著名的作品是戏剧《等待左翼分子》。这个剧团并没有维持多久，但它对斯特拉斯伯格的影响非常大，在实践中积累的表演经验为他之后的表演理论打下了坚实基础。

1948年，斯特拉斯伯格受邀成为演员工作室的教师，并在1951年成为艺术总监，之后的三十年他一直担任这个职位，训练出了几代戏剧和电影明星。

斯特拉斯伯格非常重视演员的情境想象能力。他认为演员在表演之前，需要创作一个又一个“当下真实”，并把这些“真实”串联起来，形成一个完整的“真实链条”。他认为演员不是从表面模仿剧本中的人物，而是将自己置身于人物所处的情境中，用最真实的情绪来呈现类似的演出情境。

斯特拉斯伯格的表演理论核心包括“即兴表演”和“情绪记忆”。“即兴表演”强调从非剧情文本出发产生的灵感火花，但要求包含的感情要与剧本中所呈现的情绪相似。“情绪记忆”要求演员回忆自己过去生活中的经历，从而激起真实情绪，进而转化到剧本中类似的演出情境中。

不论是“即兴表演”，还是“情绪记忆”，斯特拉斯伯格都强调演员的情境想象能力。他认为：演员不要试图去表演，而是要成为自己来回应或反应。这就需要演员以自身经历来创设情境，深入人物的生活，而不是仅仅呈现僵化的类型人物。

正因如此，他教过的学生中出了非常多的明星，如出演过

《教父》和《码头风云》的马龙·白兰度，还有出演过《游龙戏凤》《七年之痒》的玛丽莲·梦露，她虽然英年早逝，却成为许多人心目中永恒的女神……

李·斯特拉斯伯格的方法派表演理论，至今影响着演员们的表演。

情境想象能力是每个演员的基础能力，唯有将自己代入剧本情境之中，才能用最适合的表情和动作表演出来。

其实，不单是演员的表演，日常生活中我们也常用到情境想象能力。在课堂教学中，老师多使用“情境教学法”，鼓励学生感受一定的情境并展开想象，加深理解和掌握课本上的知识。这样学生不仅能克服单调乏味的练习，还能进一步挖掘大脑的潜能，达到智力、心理、体力等全方面的发展。

那么，有哪些方法有助于提高情境想象能力呢？

1. 激活文字，将符号变成鲜明的画面

文字是抽象符号，如果不在头脑中展开想象，那么脑海中可能只呈现了词语代表的概念，而不能理解文字描绘的生动画面。这样，我们就不可能进入作者创设的意境之中，很难欣赏文字描述的乐趣，更无法理解作品背后的意蕴。所以，我们要通过文字看画面，这样才能准确理解作品传达的美，体会作者的人生感悟。

2. 多读文学作品，提高情境构建能力

知名心理学家捷普洛夫认为，阅读文艺作品，是想象的最好学校，是培养想象力的最有力手段。优秀的文学作品是作者对我们世界的深刻思考。一方面，阅读经典作品可以感受到作者给我们提供的丰富的情境，积累自身情境构建能力；另一方面，阅读作品时通常要展开想象的翅膀来理解故事，这样在阅读的过程中也能锻炼自身的想象力。

3. 扩大知识面，为创设情境打下坚实基础

创设情境，与自身的知识和生活经验有很大的关系。在日常生活中，我们要注意观察学习，再结合书本上的知识，不断扩大自己的知识面。勤奋地思考，努力地学习，能够有效积累人生阅历并提升文化底蕴和语言修养。

4. 放飞思绪，鼓励在想象中彰显个性

进行情境想象时，可以放飞思绪，尽情在脑海中呈现个人创造性的解读。我们要重视想象的过程，而不仅仅是盯着结果。要锻炼情境想象能力，必须学会在脑海中演绎，通过不断的观察、猜想和发现，去获取创设情境的思维过程。唯有如此，才能锻炼自身的内驱力，真正激起强烈的求知欲和探索欲。

想象力游戏：创设情境，激发想象

高山流水

开启游戏

春秋战国时期，有个知名的琴师叫俞伯牙。俞伯牙从小就很聪明，他很喜欢音乐，拜了当时很有名气的琴师为老师，长大后又跟随著名乐师感受音乐与自然的关系，终于学有所成，能够创作出表达自己心声的音乐。但是，俞伯牙时常感到很寂寞，因为很少有人能听懂他琴声里的含义。

有一年，俞伯牙奉王命出使晋国，完成使命后乘船返回，船行至一座小山旁时，突然天下大雨。俞伯牙听着淅淅沥沥的雨声，看着雨打江面的景象，突然琴兴大发，回到船内开始弹琴。正弹到兴头上，突然感到琴弦上有异样的颤抖，他知道附近有人在听琴。俞伯牙走到船外，看到有个樵夫在听琴。这樵夫是钟子期，他很擅长听音辨意，由衷赞叹道：“好曲！真是好曲！”俞伯牙就邀请他上船，自己又坐下来继续弹琴。

俞伯牙想象着高山，并将自己的意图融入曲调之中，钟子期在一旁听后说："多么巍峨又充满气势的高山啊！"俞伯牙又想象流水，将心中所思用琴声表达出来，钟子期听后又击掌称绝："多么浩荡的流水啊！"俞伯牙很惊喜，说："你真是我的知音啊，这世上只有你才懂得我的心声和琴声！"于是两个人结为知音，并约好第二年再来此处相会论琴。可是，第二年俞伯牙来时，钟子期已因病去世。俞伯牙悲痛欲绝，摔破了自己从不离身的古琴，从此不再抚弦弹奏，以谢平生知音。

《高山流水》是中国十大古曲之一，你能描绘一下这首曲子的意境吗？

头脑发动机

不同人听《高山流水》会有不同的感悟，或有感于山的巍峨壮丽，或有感于水的波澜壮阔，或有感于俞伯牙、钟子期的深厚友谊，你会有什么感受呢？仔细听一下琴声，说出你心中呈现的画面吧！

这个题目没有固定答案，每个人都会有不同的感受。下面这个答案仅供参考：

《高山流水》曲子包括两部分：一部分是高山，表现出了山的雄浑、深沉和肃穆的气势；另一部分是流水，表现出了水的流动、轻柔的特色。整首曲子既形象地表现了潺潺流水的灵动，又传递了水与山相映成趣的意境。

青山连绵，像是巨人一样保护着身边的矮树。流水自高山蜿蜒而下，最初是小溪在山涧潺潺流动，而后是激流从悬崖上一跃而下，奔腾向广阔的江海。琴声中既有山泉叮咚水花轻溅的情境，又有瀑布自高山冲下的气势，还有大江东去的磅礴壮阔。

《高山流水》全曲意境深邃，山水的优美，在琴声中娓娓道来。

西塞山的风景

开启游戏

唐代诗人张志和与书法家颜真卿是好朋友。有一年，颜真卿任湖州刺史，张志和乘船去拜访他。当时正是春天，走到西塞山下时，桃花开得正好，张志和词兴大发，写下了这首名传千古的《渔歌子》："西塞山前白鹭飞，桃花流水鳜鱼肥。青箬笠，绿蓑衣，斜风细雨不须归。"

张志和除了是词人，还是个山水画家，据说他曾将《渔歌子》画成图画，可惜早已失传。的确，这首《渔歌子》是充满诗情画意的。你能根据词中的描述，想象出西塞山的风景吗？

头脑发动机

西塞山位于浙江湖州，你如果没有看过西塞山的风景，就在张志和的词里体验一下吧。一千个人眼中有一千个哈姆雷特，同样的词不同的人也会读出不同的风景，这里仅提供一种思路，更多的解读还需要自己发挥想象力。

春暖花开的好时节，江南西塞山区的春汛到了。白天，总有一群群的白鹭在山前展翅飞翔，它们的到来给“鱼米之乡”增添了勃勃生机。白鹭又叫鹭鸶，它的外形有点像鹤，腿和脖子特别长，这是为了便于在水中寻找食物。

山间的桃花盛开了，天气转暖，几场春雨过后，河水逐渐上涨，于是逆流而上的鱼群便多了起来。江南的鳜鱼不时跃出水面，看起来肥美异常。

岸边的渔夫也多了起来，只见他们个个头戴箬笠，身披蓑衣，偶尔有斜风细雨，他们也不回家，尽情享受春天的美好景色。

你还想到了怎样的风景？一起开动脑筋想想看吧！

寒江独钓的老人

开启游戏

唐代诗人柳宗元出身官宦人家，他自幼非常聪明，年少成名，官拜礼部员外郎，一时风光无限。后来，他参与了当时的“永贞革新”，可惜改革失败了，他被贬为永州司马。永州环境荒凉，柳宗元的前途没了，朋友没了，偏在此时，随他前往永州的母亲又病故。从风光无限到前途黯淡，柳宗元经历了太多的孤寂与悲凉，后来他写下了千古名作《江雪》：“千山鸟飞绝，万径人踪灭。孤舟蓑笠翁，独钓寒江雪。”

短短四句诗，说尽了内心的孤寂。你能根据这首诗，描绘一下诗人描绘的风景吗？

头脑发动机

每个人能感受到的诗意是不同的，有许多人根据这首诗来画画，每一幅的意境都不一样。明代的朱端也画过一幅《寒江独钓图》，在他的画中，远处有山，山上隐约可见落满白雪的树，近处有水，岸边的树枝也被雪包裹着。有条小船漂在水面上，船上有个钓鱼的老人，观者看不清他的面孔，不知道他为何独自在这寒冷的冬天垂钓。

单从诗的意境来看，我们可以这样解读："附近连绵的山上，飞鸟早已不见身影，所有的道路上都看不见行人。在这样的环境下，江面上的那一叶孤舟显得格外亮眼，细细看去，船上还坐着一位披着蓑衣的老翁，独自在寒冷的江面上垂钓。"

以上思路仅供参考，你能从中读出什么画面呢？试着想象一下吧。

令人失望的宠物犬

开启游戏

迪拜的一位贵妇人在英国旅游时购买了一条金毛犬，并在当地找了一个最有名的宠物犬训练营对狗进行培训，之后贵妇人有事先回国了。金毛犬训练完毕后，训练营的人将它送回迪拜，并附上一封信："只要主人吩咐，金毛犬都能做出相应的动作。"贵妇人很兴奋，马上发出指令让金毛犬坐下。但金毛犬完全不听主人的话，别说做动作了，它甚至不知道是在和它说话。贵妇人陷入沉思，是哪里出了问题呢？聪明的你，能帮她想到原因吗？

头脑发动机

寻找原因之前，可以先将自己代入题目设置的情境中。一条被训练的宠物犬，按理说应该能遵循指令做动作，但它对主人的话竟然没有一点反应。那么它应该是没听懂或者没理解主人的话，再联想到宠物犬是在英国出生和训练的，那么，它日常训练时听到的应该是英语，在迪拜肯定听不懂贵妇人说的当地语言，自然也就无法做出指令的动作了。

谁是偷西瓜的人

开启游戏

林宇是个看西瓜的老人，这天他刚到田边，就看到一个男青年从瓜地里出来，田边放着两个大西瓜。林宇说："嘿，这么明目张胆地偷西瓜不好吧？”男青年吃了一惊，这时有个抱孩子的妈妈从旁边经过，男青年指着她说：“不是我，瓜是她偷的。”这个年轻的妈妈当然不承认。林宇没有当场抓到男青年偷瓜，有什么办法能证明瓜不是路过的妈妈偷的呢？

头脑发动机

没有当场抓到小偷，又没有目击证人，男青年还诬赖他人，这个题目看起来确实有难度。但是，如果我们将自己代入情境中，并发挥想象力，还是可以找到证明的方法的。一个抱着孩子的妈妈，怎么能同时抱起两个西瓜呢？

我们可以让男青年试着抱起孩子然后再去抱两个西瓜，从生活经验我们可以知道，这个年轻的妈妈没有偷瓜的能力，男青年才是偷瓜的人。

生死阄难题

开启游戏

刘亮是一个忠臣，为国为民，不惜得罪权贵，结果被奸臣陷害入狱。关于如何处理他，皇上和朝中大臣进行了商议，结果决定用抓阄的方式来决定忠臣刘亮的生死。具体来说，就是写两个阄放进盒子里，一个写“生”，一个写“死”，忠臣抓到“生”就可以活下去，抓到“死”就喝一杯毒酒自尽。如果按这种方法执行，忠臣至少有一半的概率生还，但是奸臣一心要置他于死地。于是，奸臣将两个写有“死”的阄装进了盒子里并封闭好。奸臣的这一举动被一个好心的丫鬟看见了，丫鬟思虑再三，偷偷给刘亮传递了消息，告知盒子里两个阄写的都是“死”，请他自己想办法逃过此劫。刘亮思虑再三，终于想出了一个办法使得自己免于一死，你知道是什么办法吗?

头脑发动机

面对两个都写着“死”的阄，很难有生还的希望。刘亮无法命令大家打开盒子来验证两个阄写的都是“死”，因为这是皇上的命令，如果他质疑上面的字，就是在质疑皇上的权威，只会给自己招来更大的灾难。那么，还有什么办法能够逃出生天呢？其实，将自己代入这种情境中并充分发挥想象力，还是有办法生还的。

这里提供一种方法：忠臣可以在抓阄后，将抓到的阄吞到肚子里，这样皇上就不会知道他抓的阄上写的是“死”，只能打开另外一个阄来判断，而另一个阄上写的是“死”，皇上一定会想忠臣抓的阄上写的是“生”，这样他就可以免于死罪了。

踏花归来马蹄香

开启游戏

宋徽宗赵佶非常喜欢绘画，他在位期间曾利用皇权推动绘画艺术的发展，使宋代的绘画艺术有了很大进步。有一年他决定从民间选拔宫廷画家，题目是一句诗“踏花归来马蹄香”，画家们需要以这句话为主题，画出一幅画，画中需要把诗的内容体现出来。

有的画家将笔墨重点放在“踏花”二字上，画了许许多多花瓣，一个人骑着马在花瓣上行走；有的画家煞费苦心，画的是一个跃马扬鞭的少年，在黄昏时候疾速归来；有的画家剑走偏锋，在“蹄”字上下功夫，画的重点是一只马蹄……宋徽宗看着直摇头，这些画要么没有意境，要么毫无美感。后来他又看到一幅画，才不由得连声赞叹：“好极了，好极了！”于是将那位画家选为宫廷画家。

你能想到让宋徽宗称赞的那幅画的画面吗？

头脑发动机

画得最好的那位画师，一定不是生硬地将“踏花归来马蹄香”句中的字词一一展现在画中，而是用心体会诗句的含义，着重表现诗句末尾的“香”字。

在一个夏天的黄昏，游玩了一天的年轻人骑着马回家。马儿疾驰，马蹄高抬，几只蝴蝶追逐着马蹄蹁跹飞舞。这就真正表现了“踏花归来马蹄香”的含义。在这句诗里，最难体现的是“香”字。其他画家没有被选中，就是因为没有体现出这个“香”字。而被选中的这一幅画则画出了蝴蝶追逐马蹄，使人瞬间想到马蹄踏花带来的清香。所以这幅画的意境表现得特别好，体现了画家高超的情境想象能力。

天使、恶魔与人

开启游戏

韩云面前同时站着一个天使、一个恶魔和一个人。天使一直说真话，恶魔一直说假话，而人有时候说真话，有时候说假话，天使、恶魔和人都穿着普通人的装束，韩云需要根据她们说的话来判断她们的身份。第一个说话的是个戴着黑色围巾的女子，她说：“我不是天使。”第二个说话的女子戴着蓝色围巾，她说：“我不是人。”第三个说话的是戴着白色围巾的女子，她说：“我不是恶魔。”韩云想了一会儿，准确判断出了她们各自的身份，你能猜出来吗？

头脑发动机

我们需要将自己代入当时的情境中，再依据每个人说的话来判断她们的身份。

我们先假设戴黑色围巾的女子是天使，那么与她说的话“我不是天使”相矛盾，因为天使一直都是说真话的，所以她不是天使；如果她是恶魔，那么她说的“我不是天使”就是真话，这与恶魔只说假话的情况相悖，所以她也不是恶魔。因此，第一个说话的戴黑色围巾的女子是人。

我们再假设戴蓝色围巾的女子是天使，那么她所说的话“我不是人”就是真话，与天使身份相符。因此，第二个说话的戴蓝色围巾的女子就是天使。

根据排除法，第三个说话的就是恶魔了，她说的“我不是恶魔”是谎话，也正好与她的身份相符，所以戴白色围巾的就是恶魔。

张家寨的奇案

开启游戏

瓮泉山下有个宁静的小山村张家寨，巧兰和丈夫张涵就住在这里。24日晚上，巧兰突然听到一些声响，打开灯一看，顿时魂飞天外——她的丈夫张涵被杀了！屋子里还站着一个人，手上拿着些什么，脸上戴着面具，身上披着白色床单，看不出来什么长相。巧兰大叫一声，起身跳出窗外拼命喊：“救命啊，来人啊，有人杀人啦！”街坊邻居听到呼唤，纷纷赶来，再看屋中只有张涵躺在床上，已经气绝身亡，而那个戴面具的人却不见了踪影。

第二天一早，公安局的赵局长亲自带着法医、警察来到现场，经过几天的全面调查，他们将所有的线索汇集在一起：张涵是张家寨的村长，为人豪爽，谁家有事，他都会出面解决。张涵遇害的屋子里有3000元的现金，但凶手并没有拿走。他的死因是颈部受到锐器的刺杀，凶手出手狠辣，手中可能拿着一把有一定重量的长刀。

公安人员重点了解了张涵妻子巧兰的情况。巧兰和丈夫是自由恋爱，两人结婚十多年了，感情一直很好，赵局长很纳闷，就问她为什么丈夫被杀时流了很多血，而她身上却是干干净净的。巧兰仔细想了想，说不知道，自己醒来时丈夫已经遇害，自己身上并没有血。

调查中，赵局长还发现村中近几天有人外出，外出的人叫曹奎，今年20岁，在凶案发生前三天离家。曹奎的父亲告诉赵局长，曹奎是偷偷外出游玩的，出门前还偷了家里2000元钱。曹奎几年前与人打架时，村长张涵曾经报过警，两人也有私仇。

张涵遇害的基本情况就是这样，你能根据现有的线索，帮赵局长锁定嫌疑人，并制定下一步的调查计划吗？

头脑发动机

这个案件疑团重重，侦破难度很大。但是，只要冷静下来，将自己置身于情境之中，还是可以厘清思路，找出破案线索的。

首先要确定死者妻子巧兰是否参与谋杀，虽然她看起来很悲伤，也完全没有理由杀人。

接下来的调查重点是曹奎。曹奎很快从外面回来了，并说了自己的情况：“凶杀案发生那天，我早上从山海关前往绥中。那天晚上，我从绥中回了山海关，晚上是在山海关车站住的。第二天，我从山海关又去了绥中，并从绥中乘车去锦州，当天返回绥中。”曹奎拿出了两张24日绥中和山海关往返的火车票，一张25日山海关到绥中的火车票，一张25日绥中到锦州的火车票，一张25日晚绥中青年旅社的住宿费收据，一张25日锦州到绥中的车票，还有一张绥中到张家寨的汽车票。

赵局长让曹奎先回家。有警官说：“曹奎的嫌疑还是很大的，正常人不会这么频繁地坐车。而且，他24日晚夜宿山海关无凭无据。如果他中途下车作案后又乘车去锦州是完全有可能的。”赵局长对此表示同意。

接下来警察需要兵分两路来找证据：一路以火车票为线索，沿曹奎的出行路线去调查；另一路去张家寨调查曹奎的足迹，另外也要全面调查他和死者的关系，找到可能的作案动机。

终于，案件有了突破性的发现。有人证实，25日早晨4时许在绥中火车站见过曹奎。也就是说，案发当晚曹奎没有夜宿山海关，他完全有时间、有条件潜回张家寨作案。与此同时，张家寨的警察对比曹奎的足迹和案发现场遗留的足迹，发现许多相似之处。找到曹奎是杀人凶手的证据后，赵局长迅速带人逮捕了曹奎。面对这些证据，曹奎不得不承认自己的罪行。

正是赵局长带领侦查人员进行了充分的调查，对案发现场的情境展开各种想象，并在想象的基础上进行严密的推理，才准确地推断出嫌疑人作案的过程，及时抓捕了嫌疑人。

问路奇遇

开启游戏

很早以前，有个骑士接到紧急任务，连夜赶往国王的城堡。他走到一个三岔路口时迷路了，不知该往哪里走。正在这时，迎面走来了三个头戴鲜花的少女：一个戴红花，一个戴黄花，另一个戴紫花。骑士走上前向她们问路："女士们好，我想去国王的城堡，现在迷路了，不知是否方便指点迷津？"戴红花的少女爽快地说："没问题，骑士先生，让我为你指路吧！"她正要指路，戴黄花的少女打断了她："你最好小心一点，除了我以外的两人中至少有一个是恶魔。"戴紫花的少女说："除了我以外的两人中至少有一个是天使。"

骑士正不知道怎么办，身后有个修士走过来说："骑士先生，请问需要帮助吗？"骑士连忙道谢，再回头一看，三个少女都不见了踪影。修士为骑士指了路，并告诉他附近有不少少女是天使或恶魔的化身，要分辨她们也容易，因为天使从不说谎，而恶魔从不说实话。骑士想了想刚才三个少女说的话，笑着说："我的运气还不错，居然一下子遇到了两个天使。”骑士是怎么判断出在三个少女中有两个天使呢？

头脑发动机

要明白骑士是如何推理的，我们就要将自己代入当时的情境中去，依据她们说的话来做具体判断。我们先假设戴紫花的少女说的“除了我以外的两人中至少有一个是天使”是谎话，那么真实情况即为戴红花和戴黄花的都不是天使，而戴紫花的自己因为说了谎，也不可能是天使，也就是说这三个少女都是恶魔。可如此一来，戴黄花的少女所说的“除了我以外的两人中至少有一个是恶魔”就成了实话，但身为恶魔理应从不说实话才对，这种情况显然是自相矛盾的。所以，戴紫花的少女必然是天使，因为她说了实话。

然后我们再来看看戴黄花的少女说的话，她说“除了我以外的两人中至少有一个是恶魔”。如果戴黄花的少女说的是实话，那么戴红花的少女就是恶魔，而说了实话的戴黄花的少女自然是天使。而如果戴黄花的少女撒了谎，她自己当然就是恶魔了，而真实情况则应为戴紫花的和戴红花的都不是恶魔。这两种情况都有可能是事实，但无论是哪种情况，在这三个少女中都必然有两个是天使。

课代表的身份

开启游戏

林蓝、杨悦、杜梦三人是高中的同班同学，而且三人都是课代表，其中一个是数学课代表，一个是语文课代表，另一个是英语课代表。已知条件是杜梦比英语课代表年龄大，语文课代表比杨悦年龄小，林蓝和语文课代表不同岁。请你推测出他们分别担任什么职务。

头脑发动机

要推测出三人分别担任什么职务，需要结合题目给出的条件。根据“杜梦比英语课代表年龄大”可以知道，杜梦不是英语课代表；根据“语文课代表比杨悦年龄小”可以知道，杨悦不是语文课代表；再根据“林蓝和语文课代表不同岁”可以知道，林蓝不是语文课代表。

既然杨悦和林蓝都不是语文课代表，那么杜梦就一定是语文课代表了。我们再来看三个人的年龄顺序是：杨悦>杜梦，杜梦>英语课代表。因为“杜梦比英语课代表年龄大”，所以年龄最大的杨悦一定不是英语课代表，那么他就是数学课代表了。最后，英语课代表一定是林蓝了。所以林蓝是英语课代表，杨悦是数学课代表，杜梦则是语文课代表。

智斗富豪

开启游戏

古代有个富豪喜欢附庸风雅，又特别吝啬。有一天，他想请一位画师给自己画一幅肖像画，画师到了后两人先谈好了价钱，一幅画富豪要付纹银一百两。画师画好后，富豪有点后悔，就说画师画得并不像，只值五十两银子。画师很生气，两人争执了许久，富豪坚持说画得不像只给五十两银子。画师听了没有再说话，自己拿着画离开了。

过了两天，富豪主动找到画师，说想要购买这幅画，画师却说不卖。富豪不得不道歉，说其实画得很像，自己愿意付双倍的价格购买。这是怎么回事呢？你能猜出画师做了什么，使得富豪决定要出高价购买吗？

头脑发动机

如果你是画师，明明画得很像，却被人说不像，你会怎么做来证明呢？最好的办法就是让大家来证明，毕竟旁人的眼睛是雪亮的。这里提供一种思路，既能证明自己画得很像，又能让富豪愿意出高价购买：可以在画像的脖子下面画上一个枷锁，并在旁边写上“贼”字，然后将画像贴在人流量大的城门边。如果大家一看画像就知道是谁，就说明画师画得很像，而富豪为了避免大家嘲笑自己，也只好出高价来购买自己的画像。

骆驼和猫

开启游戏

很早以前，有个很爱面子的人叫李勇。如果李勇在人前做出承诺，就一定要做到，哪怕自己因此损失巨大也在所不惜。这天，他骑着骆驼进城，除了随身行李还带了一只猫。路上骆驼一直懒洋洋的，走得特别慢，李勇有些着急，他狠狠地说：“如果你还是走这么慢，我就不要你了，等会儿到市场上，我一个银圆就把你卖掉！”但是，骆驼并没有因为这话而走快一些，还是慢腾腾地向前挪动。

李勇有些后悔了，一个银圆卖掉骆驼这事儿得多亏呀。他赶忙向四周看了看，同村的李梦正骑马走在他后面，看到他就说：“哎呀，看来你今天要一个银圆卖掉这骆驼了，多可惜呀，这骆驼买的时候得花一百个银圆吧！”李勇心里暗暗后悔，嘴上却不饶人：“它这么慢，又这么犟，不听主人的话，我留着它干吗！等会儿到城里，我就要一个银圆把它卖掉！”李梦哈哈大笑，拍马走远了。

好不容易到了城里，李勇为了兑现自己说的话，不得不以一个银圆的价格来售卖骆驼，不过因为他不是真心售卖，所以他想了一个办法，既能标明骆驼的价格是一个银圆，又能让大家打消买骆驼的念头。你知道他想到了什么主意吗？

头脑发动机

如果你是李勇，你会用什么办法阻止大家购买呢？这道题没有固定答案，每个人都会有不同的想法和做法。

这里提供一种方案：李勇决定将骆驼和猫一起售卖，骆驼只卖一个银圆，但是猫却要卖一百五十个银圆，而且这两种动物不分开销售，必须一起购买。这样他就能兑现自己脱口而出的话，又保证自己的利益没有什么损失。

海盗的藏宝图

开启游戏

林源喜欢探险，有一次他在古墓中发现了一个藏宝图，根据藏宝图找到了两个大箱子和一张纸条。纸条是藏宝人留下的，他说："我是个海盗，知道自己时日无多，所以将毕生珍藏的黄金珠宝都藏进了一个箱子里。但我不想让后人太容易得到它，所以留下了两个一模一样的箱子，其中一箱是珠宝，另一箱是炸药，如果开错了箱子，炸药会立即爆炸。祝你好运！"

林源又仔细看了看箱子，上面分别刻有"甲""乙"两个字，下面还留有一行小字。甲箱上刻着"乙箱上的字是真的，而且黄金在甲箱"，乙箱上则刻着"甲箱上的字是假的，而且黄金在甲箱"。该打开哪个箱子呢？林源一时犯了难，你能帮他做出正确的决定吗?

头脑发动机

我们先假设甲箱上的字是真的，则“乙箱上的字是真的，而且黄金在甲箱”的陈述都是真的，那么乙箱上写的“甲箱上的字是假的，而且黄金在甲箱”会造成同时出现“甲箱上的字是真的”和“甲箱上的字是假的”两个自相矛盾的描述，所以这个假设不成立，甲箱上的字是假的。

既然甲箱上的字是假的，那就意味着甲箱上的两个陈述，至少有一个是假的，可能真实的情况是:

(1)乙箱的字是假的;(2)黄金在乙箱。

如果乙箱的字是假的，那么它的两个陈述也至少有一个是假的，可能真实的情况是:

(1)甲箱的字是真的(刚才已证明不成立);(2)黄金在乙箱。

综上所述，无论是哪种情况，黄金一定在乙箱。所以林源应该打开乙箱来获得宝藏。

谁是占卜师

开启游戏

从前，有个世外高人精通占卜，大到国家命运，小到个人前途，他都能准确卜算出。有四个年轻的弟子张美、王隐、李仁、赵君跟着他学习。有一天，四个弟子在练习占卜时，张美说："王隐以后无论如何也无法成为宰相。"王隐说："李仁以后会成为占卜师。"李仁说："赵君不会成为宫廷药师。"赵君说："我以后会娶一个叫陆佳的女人为妻。"

实际上，这四人中只有一个成了占卜师，其余的三个人，一个当了宰相，一个当了药师，还有一个在民间做老师。在他们四个人的占卜结果中，只有一个人是正确的，而正是这个人后来成为占卜师。你知道是谁做了占卜师，赵君和陆佳结婚了吗？

头脑发动机

我们先假设王隐的占卜结果是正确的，那么李仁将会成为占卜师，如此李仁的占卜结果也将是正确的，这样就产生了两个正确的占卜结果，与题目所给的条件不符。所以王隐的占卜结果是错的，他后来没有当上占卜师。

因为王隐的占卜结果是错误的，所以后来李仁也没有当上占卜师，李仁的占卜结果"赵君不会成为宫廷药师"就是错误的，正确的结果是赵君成了宫廷药师。

排除了王隐、李仁和赵君，我们就知道张美成了占卜师。因为赵君不是占卜师，他的占卜结果是错误的，他和陆佳后来没有结婚。

额头上系的是什么牌

开启游戏

张家五兄弟每个人的额头上都系着一块白色或黑色的圆牌。每个人都能看到别人额头上圆牌的颜色，唯独看不见自己额头上圆牌的颜色。而且如果某个人系的圆牌是白色的，那他说的话就是真实的；如果系的圆牌是黑色的，那他所说的话就是假的。五兄弟讲的话分别如下：

老大说："我看见三块白牌和一块黑牌。"

老二说："我看见四块黑牌。"

老三说："我看见一块白牌和三块黑牌。"

老五说："我看见四块白牌。"

你能根据他们各自说的话，推测出老四额头上系着什么颜色的圆牌吗？

头脑发动机

首先我们来看老五的额头上系着什么颜色的圆牌。老五说的话是"我看见四块白牌"，如果他说的是真话，那么五个人额头上系的都是白牌，老大、老二、老三、老四都应该讲真话，但事实上这四个人都没有说自己只看到了白牌，因此可知老五说的是假话，他的额头上系着的应该是黑牌。

然后我们来看老二的额头上圆牌的颜色。假设老二说的“我看见四块黑牌”是真话，那么现在老二额头上的圆牌是白色的，老大、老三、老四、老五的圆牌都是黑色的。这样的话，老三说的话“我看见一块白牌和三块黑牌”就成了真话，那么老三应该也是系白色的圆牌，这与刚才推断的老三系黑色圆牌自相矛盾。所以老二说的话是假话，他系的应该是黑色圆牌。

接下来我们看老大额头上系着的圆牌是什么颜色。老大说的是“我看见三块白牌和一块黑牌”，但实际上老大和老五系的都是黑色圆牌，所以他至少应该看到两块黑色圆牌。因此我们知道老大说的也是假话，他额头上的也是黑色圆牌。

最后我们来看老三说的话，老三说“我看见一块白牌和三块黑牌”，现在已知老大、老二、老五系的都是黑牌，如果老三说的是假话，那么老三系的也是黑牌，老四系的也应该是黑牌，这样的话老二说的“我看见四块黑牌”就是真话，与刚才的推论是自相矛盾的。所以我们可以认为老三说的话是真的，所以老三系着的圆牌是白色的，老四系着的圆牌同样也是白色的。

综上所述，老四额头上系着白色的圆牌。

谁射死了鹿

开启游戏

很早以前，有个大将军带领手下八个校尉参加狩猎，为了方便知道猎物究竟死在谁的手里，八个校尉的箭上都刻有自己的姓氏，他们分别是：李校尉、王校尉、张校尉、刘校尉、陈校尉、杨校尉、赵校尉和黄校尉。狩猎的目标是一只鹿，经过一番追逐，鹿终于被大家射中了，但对于是谁射中的，大家都有不同的说法。

李校尉说："我没有看清楚，大约是黄校尉射中的，或者是杨校尉射中的。"

王校尉说："如果这支箭正好射中鹿的头，那么鹿就是我射中的。"

张校尉说："我看见了，应该可以断定是赵校尉射中的。"

刘校尉说："我没有看到王校尉射出这支箭，即使它正好射中鹿的头，也不可能是王校尉射中的。"

陈校尉说："李校尉的说法不对，我认为不是黄校尉或杨校尉射的。"

杨校尉说："反正这箭不是我射的，而且，也不是黄校尉射的。"

赵校尉说："我也没有看清，不过这箭不是张校尉射中的。"

黄校尉说："我认为李校尉没有猜错。"

大家都猜完之后，大将军命令侍从将箭从鹿身上拔出来验证，结果发现八个校尉中有五人说的是对的。你能猜出是谁射死了这头鹿吗?

头脑发动机

八个人的说法各不相同，听起来确实有些摸不着头脑，在这道题中，我们能发现八个校尉所说的话中，有六个人的说法是相互矛盾的。

首先是陈校尉和黄校尉，陈校尉认为“李校尉的说法不对”，而黄校尉认为“李校尉没有猜错”，所以他俩之中必有一个人说对了，另外一个人说错了。

然后，我们发现王校尉与刘校尉的话也互相矛盾，王校尉认为“如果这支箭正好射中鹿的头，那么鹿就是我射中的”，而刘校尉认为王校尉没有射出这支箭。所以他们两人之中，也是只有一人猜对了，而另一人的说法是错误的。

还有，李校尉和杨校尉的说法也是矛盾的，李校尉说是黄校尉或杨校尉射中的，而杨校尉说“不是我射的，而且，也不是黄校尉射的”，这两人中也只有一人的说法是对的。

目前已经确定的是有三个校尉说的是对的，三个校尉说的是错的。而结果是五个校尉说的是对的，那么没有和其他人有矛盾的张校尉和赵校尉说的就是对的。我们来看看他俩说了什么，张校尉说“是赵校尉射中的”，赵校尉说“不是张校尉射中的”，因为他俩的说法都是正确的，所以鹿是赵校尉射中的。

林胡的专业

开启游戏

林胡、刘鹏、于洋是三个学生，他们在火车上遇到了，于是在一起聊天。从他们的谈话中可知，他们三人出生地都不同，其中一个出生在北京，一个出生在上海，还有一个出生在武汉；他们学的专业也不同，一个学国际金融专业，一个学工商管理专业，另一个学外语专业。另外，我们还知道下面四个条件：

（1）林胡不是学国际金融的，刘鹏不是学外语的；

（2）学国际金融的不出生在上海；

（3）学外语的出生在北京；

（4）刘鹏不出生在武汉。

根据以上条件，你能判断出林胡是学什么专业的吗？

头脑发动机

要想判断出林胡的专业，我们首先要根据第三个条件“学外语的出生在北京”，再根据第二个条件“学国际金融的不出生在上海”，我们可以推理出学国际金融的学生出生在武汉，而学工商管理的学生出生在上海。

再根据第一个条件中的“刘鹏不是学外语的”，结合第四个条件“刘鹏不出生在武汉”，可知刘鹏是学工商管理的，出生在上海；然后根据第一个条件中的“林胡不是学国际金融的”，我们可以推断出林胡是学外语的，出生在北京。

第五章

立足知识，提升科学想象能力

技巧简介：将科学知识与想象力有机结合

科学想象，是以科学知识为前提，在头脑中创造出新的想法。

知识是进行科学想象最重要的支撑，科学知识建构在世间无数科学家的知识积累之上，所能激发的想象力，有可能会超过个人的想象力。

近年来IT行业发展势头突飞猛进，程序员必须不断更新自己的知识库，同时进行大胆的想象和创新，才能跟上时代的潮流。网络小说的兴起，要求写作者必须精通写作和网络营销知识，才能在小说里展开想象的翅膀，闯出一条属于自己的道路。还有画家和设计工作者，他们必须了解电脑知识，才能在绘画中尽情发挥想象力，从而更好地与商家进行合作。可以确定的是，所有的行业都离不开知识积累，更离不开在知识基础上进行的科学想象。

我们都知道是莱特兄弟发明了飞机，那么，你知道他们是怎么发明的吗？

莱特兄弟中的哥哥是威尔伯·莱特，弟弟是奥维尔·莱特，他们是美国俄亥俄州人，父亲是牧羊人，母亲是音乐教师。莱特兄弟在小时候就对机械有着格外浓厚的兴趣，他们从小就喜欢研究各种机械，如时钟、秤等。年龄稍大些，兄弟俩又开始动手改善自己家的居住条件，他们会先画好图样，然后再四处寻找修缮房屋的材料，并亲自施工。他们自幼在实践中不断进行学习，积累了丰富的机械知识。

莱特兄弟受到过良好的教育，但都没有获得文凭。他们大三时从奥维尔大学退学，之后做过印刷生意，也做过出版商。1890年年初，他们在报纸杂志上接触到德国滑翔飞行家的飞行器概念图，这激发了他们小时候的梦想——要制造出一种能飞上高高蓝天的东西。为了实现梦想，他们转让了出版业务，开了一家自行车商店，一边干活挣钱，一边研究飞行的资料。

兄弟俩先是收集了前辈和同时代人有关飞行的所有资料，在研究了所有理论和草图后，他们开始动手研制飞行器。

莱特兄弟认为建造一架飞行机器，主要有三个方面的障碍：

（1）如何制造升力；

（2）如何获得驱动飞机飞行的动力；

（3）在飞机升空之后，如何操纵飞机。

在前人积累的知识和经验中，前两个问题已基本解决，莱特兄弟重点研究的是如何操纵飞机。他们尝试着制造了无人驾驶的双翼滑翔机，又在飞机的前面安装了升降舵，可以用来操纵横轴进行飞翔。经过无数次的研究和实践后，莱特兄弟终于发现将发动机安装在滑翔机上，可以实现由发动机来推动螺旋桨旋转，从而带动滑翔机飞行。

1903年12月17日，莱特兄弟驾驶着飞机飞行到高空，之后又稳稳地在地面着陆。这是人类历史上第一次驾驶飞机飞行成功。后来，莱特兄弟继续改进他们的飞机，又制造出能乘坐2人的飞机，并且在空中飞行的时间越来越长。

1908年，莱特兄弟在政府的支持下，创办了一家飞行公司，同时开办了飞行学校。从那以后，人类开启了向高空探索的新旅程，飞机成了人们出行最先进的运输工具之一。

人类自古以来一直都有飞上天空的梦想。神话中，吃了仙丹的嫦娥飞到了月亮上。后来，有无数的人不惜以生命为代价来进行飞行试验。

在14世纪末，中国人万户在座椅背后安装47支当时最大的火箭，两手紧握大风筝，想要借助火箭的推力和风筝的升力飞上天空，但没有成功，反而殒命。为纪念这位世界上第一个试验火箭飞行的勇士，月球背面的一个环形山以“万户”命名。1801年，英国的乔治·凯利爵士研究了风筝和鸟的飞行原理，他后来试制了一架滑翔机。1896年，德国飞行家奥托·李林塔尔操纵着他自制的滑翔机在山坡上起飞，不久，飞行中的滑翔机突然头朝下栽向地面，李林塔尔因此受伤，在医院不幸身亡，他弟弟无比痛心，但还是说：“总要有人牺牲的……”

莱特兄弟正是借助无数先人积累的知识，进行大胆的想象和实验，才最终发明了飞机。

想要提升自己的科学想象能力，需要从以下几个方面入手：

1. 大量积累科学知识

知识是进行科学想象的前提。我们要积累知识，才能产生真正的发明创造。知识是无数前辈用毕生心血发现的客观存在的规律，想象力是基于知识的思考活动，只有两者结合起来，才有可能在实践中产生新的知识。

2. 锻炼发散思维的能力

发散思维是指人在面对一个问题或主题时，出于直觉，在头脑中自发且迅速地进行大量的联想。发散思维要求我们看到某个事物时，能够迅速地想到它所包含的各种知识，并运用新观点和新方法来进行思考，从而得出新的结论。发散思维要求个人具有独创性，能够推陈出新。

3. 运用收敛思维，筛选有用信息

现代科学知识体系繁杂且琐碎，这就要求我们在面对问题时，能够从大量的信息中筛选出对我们有用的那一部分，并在此基础上展开联想。从众多信息中筛选有用信息，这不仅要求我们对知识本身非常熟悉，还要求我们在确定研究目标后迅速找出可以帮助解决问题的关键知识点。

想象力游戏：大胆假设，小心求证

青蛙与井口

开启游戏

李岚的妈妈给李岚出了个题目：一只青蛙掉进一口18米深的井。每天白天它向上爬6米，晚上向下滑3米，按照这一速度，多少天它能爬出井口？

头脑发动机

这个题目是有陷阱的，要求答题人既要熟悉数学知识，也要考虑现实情况。青蛙每天向上爬6米，又下滑3米，所以每天上升了3米。18米深的井，需要18÷3=6天。但是，这个答案实际上是错误的，因为第5天时青蛙白天就已经爬出井口了，不会再出现晚上下滑3米的情况。所以，青蛙只需要5天就可以爬出井口。

巧称硬币

开启游戏

卢约喜欢收集硬币，这天他将储蓄罐里的硬币倒出来，发现有27枚大小相同、形状一样的硬币。虽然看起来一样，但卢约知道其中有一枚假币，因为他昨天遇到朋友，朋友说上次送他的一枚硬币是假的。这枚假币相对其他硬币更轻，但只凭触摸很难判断出来，卢约家中有一个没有砝码的天平，他想用天平将它称量出来，但是他马上要出门上班了，最多只能称三次。你有什么办法能通过三次称量找出那枚假币吗？

头脑发动机

要找到方法，我们必须发挥想象力。

首先，我们将硬币分成三堆，每堆9枚，把其中两堆分别放到天平的两个托盘上，如果天平两端平衡，那么假币就在第三堆中；如果天平两端不平衡，假币就在较轻的一堆中。通过这次称量，我们能将假币的范围缩小在一堆9枚硬币之中。

然后，我们将有假币的那一堆9枚硬币平均分成三小堆，每一小堆3枚，和上次称量一样，我们把其中两小堆分别放到天平的两个托盘中，如果天平两端平衡，说明假币在第三小堆中，如果不平衡，假币就在较轻的一小堆里。通过第二次的称量，我们将假币的范围缩小在3枚硬币之中。

最后，我们从含有假币的3枚硬币中，取出两枚分别放到天平的两个托盘上，如果天平平衡，那么剩下的一枚是假币，如果不平衡，那么较轻的一枚是假币。如此，我们就通过三次称量，将假币从27枚硬币中找了出来。

广口瓶中的苍蝇

开启游戏

蓝萌家中有个秤，有一天他将一个广口瓶忘在了秤上，想起时看到瓶中有几只苍蝇。他仔细观察了秤上的数据，然后他拿起瓶子同时将瓶口封好，苍蝇受到惊吓，马上在瓶中乱飞起来。蓝萌突然有个疑问，当苍蝇开始飞舞时，广口瓶的重量会发生变化吗？于是，他将瓶子又放到秤上。你猜秤上的数值会有变化吗？

头脑发动机

这个问题乍一看非常具有迷惑性，苍蝇飞舞时必然会产生气流，气流的变动会影响整体的重量吗？要回答这个问题，需要具备专业的知识。苍蝇在飞舞的时候，需要用翅膀制造出与它们体重所产生的重力相等的升力。因此，广口瓶的重量是不会发生变化的，因为苍蝇无论如何飞舞，它们都不会产生额外的重力。

伽利略的绳长问题

开启游戏

伽利略是意大利著名的物理学家，他曾经提出过这样一个问题：在一个高高的城堡尖顶挂着一根细绳，看不到绳子拴在尖顶的一端，只能看见它垂到地上的一端，我们又无法爬到城堡的顶上去测量绳子的长度，有什么办法能知道绳子的长度呢？

头脑发动机

这个题目考察的是物理中的单摆知识。单摆是能够产生往复摆动的一种装置，单摆运动的近似周期公式为$T=2\pi\sqrt{\frac{l}{g}}$，其中，l为摆长，g为当地的重力加速度9.8米/秒^2。结合到这个题目中，l就是绳子的长度，T是绳子来回摆动一次的时间。

我们可以在绳子的末端系一个重物，然后拉起一个角度让它开始自由摆动，只要能测出摆动一次所需要的时间，我们就可以算出绳子的长度。在测量摆动的时间时，需要注意多次重复测量，取平均值最为准确。

宝石藏在哪儿

开启游戏

雪玉是个惯偷，这天上午她从一个珠宝店里偷了两颗大钻石，自以为神不知鬼不觉，竟然将它们放在自己家里。同时为了以防万一，她把钻石藏进冰块并放到冰箱里。因为钻石透明无色，所以即使被搜查也很难被发现。

下午的时候，警官林密带人来到了她的家中，林警官说："我们怀疑你参与一桩珠宝盗窃案，建议你尽快把偷的赃物归还，否则将受到法律的严惩。"雪玉不慌不忙地说："不是我偷的，不信的话可以在我家里随意搜，搜到了我就跟你们走。"

林警官挥了挥手，警察开始在屋子里搜索，他们搜索得很细致，从鱼缸里的水到阳台上的花盆，他们都仔细地进行了搜查。雪玉有些担心，她从冰箱里拿出冰块，每个杯子里放了四块，又倒上可乐："林警官喝杯可乐吧，今天可真热呢。"雪玉在加冰块的时候，已经将藏有钻石的冰块放进了自己的杯子里，杯子里加了可乐，即使冰块融化后露出钻石，别人也看不出来。

林警官拿着杯子，看了看杯中的冰块，同时看了一眼她的杯子："我们换换吧，我想喝你的那一杯。"雪玉愣了一下，笑道："林警官这是怕我下毒？""不，我是想尝尝加了钻石的可乐的味道。"林警官说完，伸手夺过杯子，将里面的冰块倒出来捣碎，两颗钻石就出现在眼前。

你知道林警官是怎么看出破绽的吗？

头脑发动机

我们知道，当水结成冰的时候，体积会变大，同时质量不变，所以密度就变小了。正因如此，当冰块放入水中后，应该是浮在水面上的。但是当冰块中藏了钻石，钻石的密度要远远高于水的密度，因此必然会让冰块下沉。林警官正是看到雪玉的杯子中有两块冰沉到杯底，因此推测钻石就藏在冰块之中，从而当场找到赃物。

火灾的原因

开启游戏

一个物理学教授出门旅行，他家中却遭遇了火灾。消防员赶到后迅速扑灭了火焰，但不清楚起火的原因。教授家中无人，电和煤气的开关都关着，没有其他可能引发火灾的隐患，也没有人在外面纵火。消防员看了很久，突然在教授卧室的书桌上发现了一面特殊的镜子，他想了想，又看了看被烧毁了大半的窗帘，明白了火灾发生的原因。

聪明的读者，你能解释这场火灾的起因吗？

头脑发动机

想明白火灾的起因，需要了解一些物理知识。我们知道，有一种特殊的镜子叫凹面镜，凹面镜对光线有汇聚作用，当平行光线照在凹面镜上时，会汇聚于焦点。消防员正是在这个知识的基础上发挥想象力才明白了火灾的起因。火灾发生那天，天气很好，阳光照在教授房间的凹面镜上，形成了一道光束，它的焦点正好落在窗帘上，因为焦点处温度过高，于是窗帘起了火，所以引发了火灾。

妙法称盐

开启游戏

高亮在实验室做实验，需要把140克盐分配成50克和90克两份，但他手边只有7克和2克的砝码各一个，还有一个小号天平，他该如何利用这些工具来完成盐的分配呢？

头脑发动机

要实现盐的分配，我们要了解基础的数学知识，并在此基础上发挥想象力。首先，我们把2克和7克砝码放在天平的一侧，在另一侧称出9克盐；然后，我们把7克砝码和9克盐放在天平的一侧，在另一侧称出16克盐；最后，我们把9克盐和16克盐放在天平的一侧，再称出25克盐。这样我们就称量出了50克盐，剩下的就是90克盐，顺利完成了140克盐的分配。

巧分混淆的橘子

开启游戏

韩青是一个橘子出口公司的装箱员，这天接到新加坡一家公司的订单，要出口10箱橘子，每箱100个，每个的重量是500克。韩青很快装好了9个箱子，并和之前一个早已装好的箱子放在一起。这时有个同事急匆匆跑来说，之前那个箱子里装的是450克一个的橘子，虽然也装了100个，但是重量不一样。橘子相差50克，用肉眼很难分辨，距离出仓的时间又马上到了，你能想到什么办法，只称量一次，就把装错的这箱橘子找出来吗？

头脑发动机

从10箱橘子里找出1箱装错的，而且只称量1次，听起来不可思议，按照正常思路，应该称量10次才能找到。但是如果具备些数学知识，这个难题就迎刃而解了。

我们可以先把10个箱子编上号码，分别是1、2、3、4、5、6、7、8、9、10，然后我们依次从编了号的箱子中取出相应数量的橘子，也就是说1号箱子里取1个橘子，2号箱子里取2个，3号箱子里取3个……然后我们将取出来的橘子称一下总的重量。没装错的情况下这些橘子的重量应该是（1+2+3+4+5+6+7+8+9+10）×500=27500克，但是因为装错了，所以实际称量的结果会轻些，我们用27500减去实际称量的结果，如果轻了50克，那就说明是取出1个橘子的1号箱子装错了，如果轻了100克（两个50克），则表示取出2个橘子的2号箱子装错了，以此类推，我们很快可以找到具体是哪箱橘子装错了。

是谁偷了佛珠

开启游戏

某寺的藏宝阁阁顶藏有一颗闪闪发光的佛珠，一向是该寺院的镇寺之宝。有一年中秋节，寺院举行大型法会，参拜的人特别多，方丈主持活动后外出去其他寺院拜访高僧。大约半个月后，方丈回来，发现佛珠不见了。寺院里除了方丈，还有方丈的两个弟子，方丈将他们叫来询问情况。大弟子说：“一定是小师弟拿的，昨晚我出来上厕所，借着月光看到有人进入藏宝阁，我看身影像是小师弟，就没有去追问，没想到他竟是去偷佛珠的。”小弟子平日不善言辞，听师兄这么说赶忙争辩：“不是的，不是我，我昨晚没有出门。这佛珠好像丢了很久，大概半个月我都没见过了，是不是主持活动时就被人偷走了呀？”方丈听完两人说的话，心中已经知道是谁偷了佛珠，你知道是谁吗？

头脑发动机

这个题目需要联系月亮圆缺的基本知识来考虑。从时间来看，方丈走的时候是中秋节，半个月后回来，那么现在应该是初一前后。我们都知道初一前后天上是看不到月亮的，又怎么能借着月光看到人影呢？所以大弟子明显撒了谎，应该是他趁师父不在偷走了佛珠。

瓦罐中的牛奶

开启游戏

张老汉家里有几头奶牛，平常有固定的买家上门来收购牛奶，这天买家突然有事来不了，为了避免牛奶坏掉，张老汉就挑着瓦罐出门去零售。张老汉没有经验，他甚至连秤和其他小的容器都没带，只挑着2个装了40斤牛奶的瓦罐。

在王家村村口，张老汉遇到了两位买牛奶的妇人，一人拿了个能盛放5斤牛奶的小桶，另一人带了能盛放4斤牛奶的小桶，二人都只要2斤牛奶。张老汉看着身边仅有的容器犯了难，两个能盛40斤牛奶的瓦罐，一个能盛5斤牛奶的小桶，一个能盛4斤牛奶的小桶，该怎么做才能让两位妇人都得到2斤牛奶呢？

头脑发动机

这个现实问题的解决，需要有一定的数学知识，这里提供一种思路：我们可以充分利用现有的2个瓦罐和2个小桶，采用将牛奶倒进再倒出的方式，最终使得2个小桶里都剩下2斤的牛奶。具体操作如下：

（1）先将能盛5斤牛奶的小桶倒满；

（2）提起盛了5斤牛奶的小桶，将能盛放4斤牛奶的小桶倒满。然后将4斤牛奶倒回瓦罐，再将5斤小桶里剩余的1斤牛奶倒入4斤小桶里；

（3）再次将能盛放5斤牛奶的小桶倒满，然后将5斤小桶里的牛奶倒进4斤小桶里，将4斤小桶填满，现在5斤小桶里剩余的就是2斤牛奶了；

（4）将4斤小桶里的牛奶倒回瓦罐，现在有一个瓦罐里是38斤牛奶，另一个是满的即40斤牛奶；

（5）用盛了40斤牛奶的瓦罐，将4斤小桶倒满；然后用盛了4斤牛奶的小桶，将38斤的瓦罐倒满，现在4斤小桶里剩余的也是2斤牛奶了。

任务完成，现在两个小桶里分别都盛放2斤牛奶。你还能想到其他的办法吗？现在就开动自己的想象力，研究出更多的解决方法吧！

如何知道是保姆在撒谎

开启游戏

夏末秋初，郊区的一栋别墅内发生了命案，死者是个老人，看起来像是服毒自尽。周宇警官接到报警后，迅速赶到现场。老人一个人独居，子女都在外地还没赶回来。报警的是老人的保姆，他五十多岁，带着警官来到客厅，并介绍情况：“今天天气很热，老人午休后去了公园，直到晚上7点钟才回来，他回来后我给他倒了一杯加了冰块的可乐，然后我就出去买菜了，等我8点钟回来的时候他已经死了。”保姆指了指倒在地上的老人，只见他面部发黑，口吐白沫，明显是中毒身亡。

周宇警官看了看墙上的温度计，当时的温度是39摄氏度，又看了下时间，是8点40分，他端起老人临死前喝可乐的杯子晃了晃，里面还有冰块没有融化，发出相互撞击的声响。周宇闭着眼睛思考了一会儿，对保姆说道：“你跟我们回警局聊聊吧，我对你的杀人动机和下毒过程很感兴趣。”你知道周宇警官是如何知道保姆在说谎，而他可能就是杀人凶手吗？

头脑发动机

在这个案例里，保姆在晚上7点钟给了老人一杯加了冰块的可乐，但是到8点40分冰块依然没有消融，而且屋内温度高达

39摄氏度。这显然是不可能的，从此处便可以看出保姆在说谎，他一定与凶案有关系。

用牵牛花作伪证

开启游戏

夏天的清晨，警察李运接到报警电话，说辖区附近一个商场的珠宝店被盗了，损失了大约10万元的首饰。李运迅速带人赶往现场，通过调查监控录像，发现作案时间大概是凌晨4点。之后，他们还在柜台上发现了盗贼留下的指纹，经过比对，发现给商场送货的司机刘凯有重大嫌疑，他的指纹与现场指纹基本相符。

李运迅速找到司机刘凯，刘凯却说自己昨晚一直在家，而且凌晨时分在拍摄牵牛花开花的全过程，并拿出了当天拍摄的照片作为证据。审讯一时陷入僵局。李运仔细研究了照片，确实是他家中牵牛花的照片，而且牵牛花的确应该在凌晨四五点开花。难道盗贼另有他人？李运觉得应该不会。那么，司机刘凯是如何做到4点多盗窃了珠宝，又拍下家中应该在四五点开花的牵牛花照片的呢？

头脑发动机

李运为了搞清楚情况，专门去请教了植物专家，专家说牵牛花是在夏天清晨开放，开放时间一般是凌晨四五点钟，但是可以采用一些方法推迟牵牛花开花的时间，比如用纸做成套子套在花蕾上。而司机刘凯正是这样做的，他延后了牵牛花开花的时间，在盗窃珠宝后，又迅速赶回家中拍下了牵牛花开花过程来作伪证。

如何让大鸡蛋进小口瓶

开启游戏

李英想把一个熟鸡蛋放进玻璃瓶中，但是因为鸡蛋的直径比瓶口大，所以无法装进去。如果使劲挤压的话，蛋会进入瓶中，但也会被挤碎。有什么办法能把鸡蛋完整地装进瓶中呢？

头脑发动机

将一个大的东西完整地装进一个小口的容器里，这件事听起来不太现实。但是，如果你懂些物理知识就知道，这是完全可以实现的。我们可以把一根点燃的火柴放进瓶子，然后再将鸡蛋放在瓶口。由于物体在燃烧时会消耗氧气，所以瓶内空气很快便会变得稀薄，这时就会使瓶外的空气流入瓶内，而放在瓶口的鸡蛋就会被流入的空气推落瓶中。这种情况下鸡蛋会完整地落入瓶子中。

谁才是凶手

开启游戏

刘牧很喜欢算卦，他平常没事就去找人算卦，大家都知道他这个爱好。这天刘牧突然在算卦回来的路上死了，警官李虎和刑侦科的同事们一起到了现场，现场有杀人的凶器匕首，还有一部带有血迹的手机。手机是受害人的，李虎请他的家属帮忙打开了手机，发现案发后刘牧还拨出了两个号码，第一个是数字“8”，刚拨出便挂断了，第二个是121*111，这两个号码是什么意思呢？李警官也搞不懂，就将这个信息牢牢记在心底。

后来，警方通过排查，最终发现了四个嫌疑人：

甘然。他和刘牧是老邻居，之前因宅基地发生纠纷，两人曾发生过争执。

李乾。他和刘牧之前是同事，刘牧是他的领导，两个人关系不和。

王汶。她是刘牧的前妻，曾经因为离婚和受害人闹上法庭，近期也因为子女抚养问题闹矛盾。

刘秀。他是刘牧前妻的表哥，一直和受害人关系不和。

这四个嫌疑人都没有充分的不在场证明，但也没有确切的证据证明他们杀了人。结合之前的情况，你能猜出谁是真正的凶手吗？

头脑发动机

警察调查了所有的情况，但都没有找到明确的证据，这说明这件事不可用常理去揣测。但是，如果你了解一些八卦和卦象的知识，就很容易找出正确答案。

死者临死前拨出的电话号码，第一个是数字“8”，我们可以理解为“八卦”。第二个是121*111，它们在卦象中也有对应的图形，1表示一长横，2表示两短横，卦象如下：

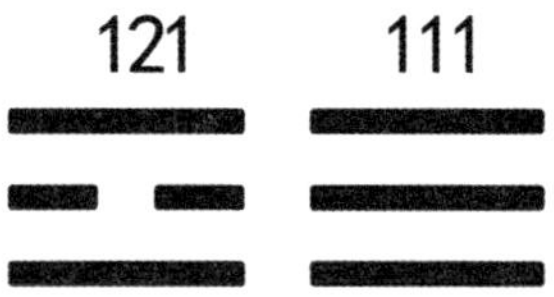

再结合八卦知识，我们知道这两个图形代表的分别是“离”和“乾”，再根据谐音联想到嫌疑人“李乾”，死者临死前拨打这两个号码就是要说出凶手的名字“李乾”。

10元钱去了哪里

开启游戏

林林、芸芸和萌萌三人结伴去旅行，晚上同住一家青年旅馆。她们看了价格，三人间的房价是300元，于是每人支付了100元。三人去房间休息后，老板来到前台，说当天打折，三个客人支付250元就可以了，让服务员退50元给客人。服务员拿着钱上楼，自己动了歪心思，贪污了20元，只退了30元给她们。

后来服务员有个问题一直想不通，林林、芸芸和萌萌每人支付了100元，又每人退了10元，那么也就是说每人支付了90元，共计支付了270元。270元加上自己贪污的20元，总共才290元，为什么会少了10元钱呢？那10元钱到哪里去了呢？

头脑发动机

这个题猛然一看确实有些让人迷惑，但其实只要懂一些数学知识，就能发现服务员的思路是不对的。在最初支付房费时，林林、芸芸和萌萌是共支付了300元，但是后来又退给她们每人10元，可以认为她们每人支付了90元，共计支付了270元。这270元中，老板得到了250元，服务员贪污了20元，钱款账目已经对上了，没有多余的10元存在。

猫捉老鼠的问题

开启游戏

乡下的农庄里，有只猫发现了一只老鼠，老鼠在它10步之外的地方飞奔，猫马上追了过去。猫的步子大，它跑5步的距离，就相当于老鼠跑9步的距离。但是老鼠的动作更快，猫跑2步的时间，老鼠能跑3步。照这样的速度，猫要跑多少步才能捉到老鼠呢?

头脑发动机

这道题目看起来很有难度，因为猫在跑的同时，老鼠也在跑，它们跑的速度还不同，很难一下答出猫要跑多少步才能捉到老鼠。不过，静下心来结合现实充分想象，是可以得出结论的。根据已知条件，猫跑5步的距离与老鼠跑9步的距离一样，那么题目中说猫鼠间距离为猫跑10步，也就是说它们间的距离是老鼠跑18步。再根据条件，猫跑2步的时间老鼠能跑3步，也就是说猫跑10步的时间里老鼠能跑15步，可知，猫每跑10步可以追近老鼠3步，而它们之间的距离是老鼠跑18步，因此猫需要跑60步才能追上老鼠。所以这个题的答案是猫跑60步可以捉到老鼠。

请了多少天假

开启游戏

秋季多雨，很容易感冒，张美就不小心得了重感冒，她请假在家休息。无聊的时候，她就统计下雨的规律，等她病好了，还真让她琢磨出了些规律：

（1）一共下了8次雨，时间是上午或者下午；

（2）当下午下雨时，当天上午恰好是晴天；

（3）有9个下午是晴天；

（4）有13个上午是晴天。

你能根据这些规律，推测出张美一共请了几天假吗？

头脑发动机

这道题目看起来让人有些眼花缭乱，又是晴天，又是下雨，还涉及上午和下午，很难一眼看明白请假的时间，但如果能懂些数学知识，再加上想象力的运用，还是可以推算出张美的休假时间的。

我们先假设8次下雨中有x次是上午下的，有y次是下午下的，那么$x+y=8$。

结合条件（3）有9个下午是晴天，我们可以知道$9+y$是张美休假的天数。

再结合条件（4）有13个上午是晴天，有x个上午是雨天，所以总休假时间是$13+x$。

那么，我们可以得到两个方程式：

$x+y=8$；$9+y=13+x$。

解两个方程式可以知道：$x=2$，$y=6$。也就是说有2个上午是下雨天，6个下午是下雨天。

那么张美总共休假的时间里有2+13=15个上午，也就是说，张美一共请假休息了15天。

有几个儿子

开启游戏

韩老汉预感到自己时日无多，就将自己的财物平均分成若干份留给孩子们，并告知孩子们领取遗产的规则：长子拿1份遗产和剩下遗产的1/10，次子拿2份遗产和剩下遗产的1/10，三儿子拿3份遗产和剩下遗产的1/10，后面以此类推。韩老汉去世后，儿子们依言来分配遗产，结果发现每个人领取到的遗产数量都是相同的，大家再次感慨老汉人聪明。这时候，有路人过来问："你们有兄弟几个呀？"长子就把遗产分配情况告诉了他，而问的人也马上明白了他们兄弟的人数。你知道韩老汉一共有几个儿子吗？

头脑发动机

解答这个题目时，需要在现实生活基础上发挥想象力，并运用些数学知识来辅助理解。比如，我们可以假设韩老汉一共将遗产分成了x份，根据他遗嘱中的分法，长子和次子拿到的财产是一样多的，我们可以列出方程式：

$$1+(x-1)/10=2+\{x-[1+(x-1)/10]-2\}/10$$

解出方程得出$x=81$，所以长子拿到遗产份数是$1+(81-1)/$

10 = 9份，其他儿子拿到的也是9份，每个孩子拿到的财产都是9份，所以韩老汉共有 81 / 9 = 9 个儿子。

该如何分马

开启游戏

养马人董老汉有3个儿子，董阳、董岚和董天。儿子们平日里干活儿很勤快，割草、放马、清理草场，只是做事情都只喜欢用蛮力，不喜欢动脑子。老汉为此很是忧虑。老汉的身体越来越差，他预感到自己时日无多，为了让儿子们勤于动脑，他灵机一动，立下了这样一份遗嘱：我有17匹马留给你们，其中董阳分1/2，董岚分1/3，董天分1/9。你们自己想办法把马分了吧，切记不许流血，不许杀马，而且必须分完。

老汉离世后，董阳、董岚和董天面对遗嘱犯了难，17匹马的1/2、1/3、1/9都不是整数，又不能杀马，这可怎么办？你能帮他们按照老汉的遗嘱分配这17匹马吗？

头脑发动机

按照正常思维，看到遗嘱的第一反应是按比例计算：$17\times1/2=8.5$，$17\times1/3\approx5.67$，$17\times1/9\approx1.89$。计算结果都不是整数，而老汉又不让杀马，着实让人陷入两难的境地。可只要换个思路，这个问题还是可以得到解决的，这里提供2种办法供参考：

（1）按整体比例计算。

董阳:董岚:董天=1/2:1/3:1/9，都乘以最小公倍数18，得出比例9:6:2。即董阳得9匹，董岚得6匹，董天得2匹。17匹马刚好被分完了。

（2）先增加1匹马，然后再分。

先从邻居家借来1匹马，现在共有18匹马了。董阳得18×1/2=9匹，董岚得18×1/3=6匹，董天得18×1/3=2匹。17匹马分完了，借来的那匹马再还给邻居即可。

印度划拳游戏

开启游戏

印度有种划拳游戏，类似于我们经常玩的石头、剪刀、布。游戏的基本规则是用大拇指、食指、小拇指分别表示人、蚂蚁、大象，人能赢过蚂蚁，蚂蚁能赢过大象，大象能赢过人。如果两人伸出相同的手指，就算是平局。

有一次石芸去印度旅行，和当地一个小朋友玩得很开心。临行的时候，小朋友缠住石芸说要玩这个划拳游戏，输了就不许她离开。石芸很感动，但又一定要赢得比赛离开这里。于是她想了一个办法说：“之前的规则中，如果我们出相同的手指，就只能平局。这样很耽误时间，为了能一次定胜负，我们只出“人”或者

“蚂蚁”吧？如果咱俩同时出“人”，就算我赢，如果同时出“蚂蚁”，就算你赢。这样既公平又能迅速分出胜负，你觉得怎么样？”

这个规则真的公平吗？你来帮印度小朋友想一下，他赢得比赛的概率有多大？

头脑发动机

石芸的说法听起来很有道理，但实际上是不公平的。因为按照这个规则，只要她出“人”，就一定能赢。因为小朋友也出“人”的话，两人都出“人”，要算石芸赢。而小朋友出“蚂蚁”的话，“人”又能赢过“蚂蚁”，还是石芸赢。所以如果按照这个规则的话，石芸只要不出蚂蚁，小朋友赢的概率是0。

巧妙分开混合物

开启游戏

林燕回老家看望奶奶，发现奶奶正对着一堆粉末状的混合物唉声叹气。林燕问奶奶怎么回事，奶奶说不小心把桌子碰倒了，桌子上放的黄豆和食盐，全部掉进了细沙、铁屑、木屑混合的垃圾中。林燕安慰奶奶别着急，说自己有办法把这5种混合物分离开。你能想到林燕是用了什么办法吗？

头脑发动机

要解决这个问题，需要充分结合我们学过的科学知识。

第一步，我们要把黄豆分离出来，这个很容易，用筛子筛就可以解决；

第二步，我们需要用磁铁（俗称吸铁石）把铁屑吸出来；

第三步，我们需要把剩余的混合物倒进水里，将漂浮在最上面的木屑捞出来；

第四步，我们将水倒进一个敞口瓶中，注意最底下的细沙不要倒进瓶中，这样就能将细沙分离出来了；

第五步，我们把敞口瓶中的水放到太阳下晒干，或者加热煮干，把溶化在水里的盐分离出来。这样，黄豆、食盐、细沙、铁屑、木屑就全部分离开来了。

女孩年龄的问题

开启游戏

2019年的最后一天，冯媛在亲戚家遇到了林芳。林芳和她年龄相仿，活泼可爱，冯媛很喜欢她，想和她以姐妹相称，就问她生日具体是哪天。林芳眼珠转了转，说："我去年元旦时19岁，再过5天就满22岁了。你猜我说的是真是假？"冯媛愣了一下，沉思片刻，很快有了答案。

你知道林芳说的是真是假吗？如果是真的，她的生日又是哪天呢？

头脑发动机

林芳的话乍一听很有迷惑性，去年19岁，再过5天就要22岁，听起来不像是真的。但只要了解些有关历法的知识，还是很快可以得出正确答案的。2018年元旦时，林芳19岁；2019年元旦时，林芳20岁；2020年元旦（就是明天）林芳21岁；如果1月5日是林芳的生日，那么5天后她就是22岁了。所以林芳说的话是真的，她的生日就是1月5日。

两个聪明的儿子

开启游戏

吴南喜欢集邮，他的集邮册里放满了大小不一、形状各异的邮票，面值都是2元和4元的，非常好看。这天他正在欣赏邮票时，儿子吴天和女儿吴萌凑过来一起看。

吴南想测试一下他们的想象力，就拿出一本书说："这本书中有几张邮票，总面值是8元，都是从刚才的集邮册中拿出来的。"然后他当着两人的面，从书里拿出2张邮票单独给吴天看。然后又拿出2张邮票单独给吴萌看，其中一张邮票是刚才吴天看过的，一张邮票是吴天没有看过的。做完这些后，吴南问："现在你们知道书中有几张邮票，面值分别是多少吗？”

两个孩子谁也没有说话，但是在沉默片刻后，两人同时说知道了。聪明的你，猜出正确答案了吗？

头脑发动机

要说出正确答案，需要我们了解简单的数学知识，并充分发挥想象力。从题目中我们知道，书中邮票的总面值是8元，有2元和4元两种面值，那么可以拆分成3种情况：2张（4元+4元），3张（4元+2元+2元），4张（2元+2元+2元+2元）。

我们对这3种情况逐个来分析。首先排除掉2张的情况，因为给吴萌看的邮票中有吴天没有看过的，而如果只有2张的话，两人看到的邮票必然是一样的；接着排除掉3张的情况，因为如果有人看到了4元的邮票，不管是谁，他听完问题后立刻就能答出书中有3张邮票，但实际情况是吴天和吴萌听完问题后都沉默了一会儿，所以他们都没有看到4元面值的。那么答案就很明显了，书中有4张邮票，面值都是2元的。

如何公平地分钱

开启游戏

王宇、王萌来到河边钓鱼，王宇钓到了5条，王萌钓到了4

条，他们打算午餐时就用钓来的鱼做烤鱼。烤鱼做好的时候，有个路人经过，他说自己半天没吃饭了，这附近又没有其他人，问能否吃些他们的烤鱼。王宇和王萌答应了，三个人平分着把钓到的鱼吃完了。路人临走的时候再三道谢，并拿出30元钱给他们。路人走远了，王宇和王萌看着这30元钱有些犯难，鱼是两个人钓的，该怎么分配才最公平呢？

头脑发动机

有人觉得两人平均分配这30元钱就好了，其实是不太公平的，最公平的分配方法需要我们懂得数学知识。王宇钓了5条鱼，自己吃了3条，分配出去2条；王萌钓了4条鱼，自己吃了3条，分配出去1条。所以路人吃的3条鱼中2条是王宇的，1条是王萌的。路人支付了30元钱，每条鱼平均价值10元，所以最公平的分法应该给王宇20元，给王萌10元。

玻璃珠的数量

开启游戏

唐宇和刘亮在玩游戏，他们有30个玻璃珠，要分别放到红色和绿色两个盒子里。游戏的规则是让一个人放玻璃珠，红色的盒子里每次放1个，绿色的盒子里每次放2个，每次放完都要拍手示意一下。在放的过程中，另外一个人闭着眼睛不许偷看，但可以听拍手的次数。最终当一个人放完时，闭着眼睛的人需要猜测红色和绿色盒子里各有多少个玻璃珠。

现在唐宇刚刚把30个玻璃珠放进两个盒子里，这个过程中他一共拍手21次，刘亮在猜每个盒子里玻璃珠的数量，他一时猜不出来，你能帮帮他吗？

头脑发动机

如果了解些数学知识，再加上想象力的运用，这个题目解答起来会非常容易。我们可以假设往红色盒子里放玻璃珠的次数是x次，往绿色盒子里放玻璃珠的次数是y次，那么共拍手21次，也就是说放玻璃珠的总次数是：$x+y=21$；又因为每次往红色盒子里放1个玻璃珠，往绿色盒子里放2个玻璃珠，而玻璃珠的总数量是30，所以我们可以得到这样一个方程式：$x+2y=30$。解方程可得，$x=12$，$y=9$。也就是说红色盒子里放了12次，每次放1个玻璃珠，总计放了12个玻璃珠。而绿色盒子里放了9次，每次放2个玻璃珠，总共放了$9\times2=18$个玻璃珠。所以这个题的答案是红色盒子里有12个玻璃珠，绿色盒子里有18个玻璃珠。

第六章
遵循逻辑，提升推理想象能力

技巧简介：用逻辑思维巧妙引导想象活动

推理想象，是建立在逻辑思维基础上的，它是人们在认识事物或解决问题的过程中，借助概念、判断、推理等思维形式来主动了解客观现实的思维过程。它是想象的高级阶段，具有确定性、逻辑性和抽象性的特点。

只有经过逻辑思维，才能把握事物的本质规律，进而认识客观世界。在进行推理想象时，我们会用到比较、分析、综合、抽象和概括等思维方法，推理想象不是发散的、无目的的想象，而是带有确定目的的想象，我们会根据事实有条理、有逻辑地进行想象，使结论具有信服力。

推理想象在日常生活中的应用非常广泛。警察在侦破案件中，合理使用推理想象有助于快速破案。程序员在写代码的时候，也要在推理的基础上大胆想象，才能做出既有趣又有意义的产品。

推理与想象是相辅相成的两个方面，在解决问题的过程中，既要严密推理，又要大胆想象，如此才能得出使人信服的结论。

那么，如何才能提升推理想象能力呢？我们要注意以下几点：

1. 多角度认识事物，提高逻辑推理能力

逻辑推理是在深入了解事物之间必然联系的基础上展开的，养成从多角度认识事物的习惯，能够更全面地认识事物内部与外部，以及不同事物之间的联系。具体来说，我们要将相似的事物进行比较，找出它们各自的不同之处。同时，还必须学会对不同的事物进行类比，找出它们在某个方面的相同之处，从而锻炼自己的归纳能力。这样既能提高逻辑思维能力，又能在发挥想象力时关注事物内在的逻辑，使得想象更加有条理性和可操作性。

2. 用理论指导自己的逻辑推理

思维推理能力的发展遵循一定的规律，每个人的推理能力都有差异，包括概括能力、逻辑性以及自觉性等。思维推理的理论知识包括归纳推理、演绎推理等知识，我们可以有意识地用理论指导自己的逻辑推理，从而提升自己的思维推理能力，进而在想象时注意这些方法的运用，促进逻辑能力和想象力的平衡发展。

3. 保持良好的情绪，提高逻辑推理水平

心理学研究证明，不良的心境和情绪会影响逻辑推理的速度和准确程度。狂欢、暴怒、持续的忧郁，都会对推理产生不良影响。因此在进行推理想象时，我们要学会有意识地调节和控制情绪，使自己保持平静、轻松的心境，从而提高自己推理想象能力的水平。

想象力游戏：合理想象，推出真相

该回答真话吗

开启游戏

王茗、王兰、王茹和王桦4人围着桌子玩游戏，其中王茗扮演骑士，王兰扮演小偷，王茹扮演间谍，王桦扮演法官。游戏规则是骑士王茗只能说真话，小偷王兰只能说假话，间谍王茹既可以说真话，又可以说假话，而法官王桦则需要判断出谁是间谍。

王茗先开口说话："我不是间谍。"王兰接着说："我是间谍。"然后说话的是法官王桦，她问了间谍王茹一个问题："请问王兰是间谍吗？"为了避免自己身份暴露，王茹该回答真话还是假话呢？你能帮她想出正确的答案吗？

头脑发动机

为了避免自己的身份暴露，王茹此时应该发挥推理想象能力，来推断出自己应该怎么回答。

我们先假设自己是法官，当王兰说自己是间谍时，她有可能说了真话，是间谍；也可能说了假话，是小偷；但她绝不可能是骑士，因为如果她是骑士的话，那么她应该说真话，但她说的是自己是间谍，这与游戏规则不符。所以王兰的身份只可能是两个：间谍或者小偷。下面我们按照王兰的两个身份分别进行推理：

（1）如果王兰是间谍，那么王茗说的是实话，王茗的真实身份应该是骑士，那么王茹应该是小偷。王茹作为一个小偷，按照游戏规则，她应该说谎话，回答“王兰不是间谍”。这个回答，可以使法官认为王茹是小偷，避免暴露间谍的真实身份。

（2）如果王兰是小偷，那么会有2种情况：王茗是骑士，王茹是间谍；或者王茗是间谍，王茹是骑士。这个时候王茹需要回答“王兰不是间谍”，此时她可以让法官认为自己的角色是骑士，说的是真话，从而隐藏自己间谍的真实身份。如果她回答“王兰是间谍”，那么她说的话不是真话，无法扮演骑士的角色，从而暴露自己的间谍身份。

综合上面的几种情况，王茹此时应该回答真话“王兰不是间谍”，这样法官可能认为她是小偷或者骑士，从而隐藏自己的间谍身份。

三个导演的姓氏

开启游戏

三个导演坐到一起，第一个导演拍摄了电影《黄河，中华民族的摇篮》，第二个导演拍摄了动画片《孙悟空和小猴子》，第三个导演拍摄了电视剧《白娘子》。第一个导演发现他们三个人的姓分别是这三部作品的第一个字，但是每个人的姓又和自己拍的作品名字的第一个字不一样。其中有个姓孙的导演说："哇！真是太巧了，还真是这样。"

然后主持人开始提问："现在请回答三个导演各自姓什么？"

头脑发动机

首先，我们来看第一个导演，他拍的作品第一个字是黄，所以他不姓黄，又因为有一个姓孙的导演和他对过话，所以他也不姓孙，那么他的姓应该是《白娘子》的第一个字，也就是白；其次，我们来看第二个导演，他拍了《孙悟空和小猴子》，所以他不姓孙，又因为第一个导演姓白，所以他也不姓白，那么我们可以知道他的姓氏是《黄河，中华民族的摇篮》的第一个字黄；最后，我们运用排除法，可以得知第三个导演姓孙，而这也符合题目的要求，因为他的姓不是自己作品《白娘子》的第一个字。综上所述，第一个导演姓白，第二个导演姓黄，第三个导演姓孙。

谁获得了三支铅笔

开启游戏

林潘有三个儿子，其中一个儿子总爱撒谎，她打也打了，骂也骂了，却总是不管用。不过幸好其他两个儿子都说真话，从不撒谎。有一天，老师在微信群中说今天发奖品，林潘家的三个孩子每人获得了1~3支数量不等的铅笔。回到家后，林潘就问孩子们："你们今天都收到了几支铅笔呀，谁得到了3支铅笔？"

最小的孩子先开口了，说的却是不相关的话："今天中午我吃的火腿三明治。"

然后，二儿子说："弟弟有2支铅笔。"

最后，大儿子一脸不开心地说："爱撒谎的人有3支铅笔。"

林潘越听越糊涂，到底是哪个儿子获得了3支铅笔呢？

头脑发动机

要想破解这个谜题，依然要合理想象，同时发挥我们的推理能力。首先，我们假设小儿子是爱撒谎的孩子，因为三人中只有一人撒谎，那么二儿子和大儿子说的就都是真话。二儿子说"弟弟有2支铅笔"是真话。而大儿子说"爱撒谎的人有3只铅笔"，也就是说爱撒谎的小儿子有3支铅笔。这两句话是相互矛盾的。因此，原本的假设不成立，也就是说小儿子不可能是撒谎者，他说的是真话。

我们再假设二儿子是撒谎的人，那么根据大儿子说的“爱撒谎的人有3支铅笔”可知，二儿子有3支铅笔。

我们继续假设大儿子是撒谎者，那么，根据二儿子说的“弟弟有2支铅笔”可知小儿子有2支铅笔，而大儿子说的“爱撒谎的人有3支铅笔”是假话，可以推出大儿子有1支铅笔，而二儿子有3支铅笔。

综合以上，不管是哪种情况，一定是二儿子有3支铅笔。

比赛了几盘

开启游戏

张蒙、王云、李涵、赵棠与华青是从小一起长大的好朋友，他们曾一起学过象棋，这天下午又聚在一块儿比赛下象棋。过了3个小时，张蒙已比赛了4盘，王云比赛了3盘，李涵比赛了2盘，赵棠比赛了1盘。你能猜到华青比赛了几盘吗？

头脑发动机

推理思维和推理想象力是解决本题的关键。根据已知条件“张蒙已比赛了4盘”可知，张蒙与其他四人都已经比赛过，也就是说与他比赛过的人有王云、李涵、赵棠、华青。再根据“赵棠比赛了1盘”可知，赵棠只和张蒙比赛过，没有和其他任何人比赛过。再根据“王云比赛了3盘”可知，与王云比赛过的人有张蒙、李涵、华青。然后我们再根据“李涵比赛了2盘”可知，与李涵比赛过的选手有张蒙和王云。综合以上的情况可知，华青已经比赛了2盘，分别是和张蒙、王云。

买的是什么车

开启游戏

韩言、卢萌、徐亮三人都新买了汽车，他们买的品牌都不同，分别是奔驰、本田、皇冠。周末，他们一起去朋友石羽家里做客，他们让石羽猜猜他们三人买的都是什么牌子的车。石羽随即猜测道：“韩言买的是奔驰，卢萌买的肯定不是皇冠，徐亮买的自然不会是奔驰。”可惜他只猜对了一个。你能根据以上信息，推断出韩言、卢萌、徐亮分别买的是什么车吗？

头脑发动机

推理题最需要严密的逻辑思维，同时需要发挥想象力。我们可以先从石羽的第一句话分析，假设“韩言买的是奔驰”猜对了，那么，第三句话“徐亮买的自然不会是奔驰”自然就猜错了，也就是说徐亮买的是奔驰车。那么，韩言和徐亮买的都是奔驰车，这明显是矛盾的，所以石羽的第一句话“韩言买的是奔驰”是猜错了。

我们再假设石羽的第三句话“徐亮买的自然不会是奔驰”猜对了，那就是说徐亮买的是皇冠或本田；由于第二句话“卢萌买的肯定不是皇冠”猜错了，那么可以知道卢萌买的是皇冠，所以徐亮买的一定不是皇冠，而是本田车。又看第一句话“韩言买的是奔驰”是谎话，那么韩言应该买的是皇冠或本田，但是皇冠车和本田车已被徐亮和卢萌买了，这也出现了矛盾。所以，石羽的第三句话也没有猜对。

那么，石羽猜测的第二句话“卢萌买的肯定不是皇冠”一定猜对了，也就是说卢萌买的是奔驰或本田；再看第三句话“徐亮买的自然不会是奔驰”猜错了，那么徐亮买的就是奔驰车，由此再推出卢萌买的是本田；剩下韩言买的车一定就是皇冠，这与第一句话“韩言买的是奔驰”猜错了这个条件也是相符的。

综上所述，韩言、徐亮和卢萌三人买的车分别是皇冠、奔驰和本田。

河水能喝吗

开启游戏

杨坦是个探险家，这天他来到非洲一个原始部落聚居区，这里居住着两个部落，一个部落的人只说真话，另一个部落则只说假话。杨坦走了很远的路，有些口渴，他看到了一条小河，河水清澈，但下游却漂着几条翻着白肚的小鱼。杨坦有些纠结，河里的水到底能不能喝呢？这时候他看到一个原始部落的居民，他决定问一下当地人。

杨坦先是指着天上的大太阳笑着问道：“今天是不是个好天气？”那个原始部落的居民回复他说“呜哇呜哇……”，说的时候也指着天上的太阳眉开眼笑。杨坦又走到河边，双手捧起水做出喝水的动作，同时问道：“水是否能喝？”居民看了看他，回答和刚才一样的话：“呜哇呜哇……”

河里的水到底能不能喝呢？这次遇到的居民也不知道是说真话部落的人还是说假话部落的人，杨坦陷入沉思。你能帮他做出正确的判断吗？

头脑发动机

因为不知道说话的居民是真话部落的还是假话部落的，我们就需要对他的回答做基本的推理判断，并在推理的基础上运用想象力得出正确的结论。

我们先假设这个居民是真话部落的，他在回答“今天是不是个好天气”时，“呜哇呜哇……”的意思是“是”，那么在回答“水是否能喝”的时候，回答的也是“是”，那么说明河里的水是可以喝的。

再假如这个居民是假话部落的，他在回答“今天是不是个好天气”时，“呜哇呜哇……”的意思是“不是”，在回答“水是否能喝”时，回答的也是“不是”。但是由于他说的是谎话，所以这句话真实的情况是“水是可以喝的”。

综上所述，小河里的水是可以喝的。不管杨坦遇到的是真话部落的人，还是假话部落的人，都可以喝下这条河中的水。

猜测性别与职位

开启游戏

张涵与大家聚在一起玩游戏，在游戏开始时这样介绍自己：

“我在医院工作，这个医院里包括我在内一共有16名医生和护士，下面有4种关于医院医务人员的情况说明，无论是否把我计算在内，这些说法都是成立的。

“(1) 护士的人数多于医生的人数；

“(2) 男医生的人数多于男护士的人数；

“(3) 男护士的人数多于女护士的人数；

“(4) 医院至少有一位女医生。”

你能根据这些信息，推测出说话的人的性别和职务吗？

头脑发动机

进入游戏之前，我们先保持冷静的头脑，然后逐步推理。在情境中，包括说话的人在内的总人数是16人，我们先不考虑说话的人，这时医院的医生和护士共有15人。由第一个条件“护士的人数多于医生的人数”可知，护士至少应该有8个；再由第三个条件“男护士的人数多于女护士的人数”可知，男护士至少有5个；再看第二个条件“男医生的人数多于男护士的人数”，男医生至少有6个；然后再结合第4个条件“医院至少有一位女医生”可知，医生至少有7个，那么护士最多有8个。要满足以上所有条件，只能是医院有护士8人（其中男护士5人，女护士3人），有医生7人（其中男医生6人，女医生1人）。

至于说话的人的性别与职位，加上之后依然要满足上面四个条件，由第一个条件“护士的人数多于医生的人数”可知，说话的人一定是护士，因为如果是医生的话，加上之后护士和医生的人数就相同了。再根据第二个条件“男医生的人数多于男护士的人数”可知，说话的人一定是女护士，因为如果是男护士的话，男医生和男护士的人数就相同了，与题目中所给的信息矛盾。

因此，游戏中说话的这个人是个女护士。

是谁加薪了

开启游戏

刘琳、冯渊、杜杰、林阳是同事，他们在同一间办公室里工作。有一天，他们得到内部消息，公司有一部分人即将加薪。刘琳说：“如果领导给我加薪的话，那么冯渊也会加薪。”冯渊听到后说："如果给我加薪的话，那么杜杰也会加薪。"杜杰看了看大家，接着说："如果给我加薪的话，那么林阳也会加薪。"林阳笑了笑，没有说话。

后来公司的加薪通知发布了，刘霖、冯渊、杜杰三个人说的都是对的，但只有两个人出现在加薪名单上。你能猜出来是哪两人加薪了吗？

头脑发动机

要知道谁是加薪的人，我们需要在发挥想象力的基础上，运用逻辑思维来进行推理。

我们先假定刘琳加薪了，那么依据三人的说法，冯渊、杜杰和林阳都会加薪，那么就是有四个人加薪了，与公布的结果不同。

我们再假定冯渊加薪了，那么杜杰和林阳也都会加薪，结果是三个人加薪，依然与结果不符。

那么只剩下一种情况，就是杜杰和林阳两个人加薪了。所以答案是杜杰和林阳加薪了。

谁没参加联欢活动

开启游戏

大学新生联欢活动时有学生没有参加，辅导员得知后让各班班长询问相关情况。516宿舍住有四个人，冯源、蓝西、杜露和杨安，她们之中只有一个人没有参加活动。班长统计情况时她们这么说：

冯源："蓝西那天没有去。"

蓝西："我去了，而且我还表演了节目，许多人可以为我做证。"

杜露："我也去了，不过到的时间晚了些，一直到活动结束我才走的。"

杨安："如果杜露去了，那就是我没去。"

班长听得一头雾水，然后冯源笑嘻嘻地告诉班长："刚才我们四个人只有一个人说了谎，现在我们已经告诉过你谁没有参加活动了，能不能猜对就不是我们的问题了。"班长挠了挠头，又仔细想了一会儿，终于想明白了："好吧，知道你们关系好，想替没去的人打掩护，不过不幸得很，没去的人还是被我猜出来啦！"

聪明的你知道是谁没有去参加活动，又是谁说了谎话吗？

头脑发动机

只要能对每个人说的话进行严密推理，再运用想象力，还是很容易知道是谁没有参加联欢活动的。

我们先来看大家说的话，冯源说的是"蓝西那天没有去"，蓝西说的是"我去了"，杜露说的是"我也去了"，杨安说的是

“如果杜露去了，那就是我没去”。冯源和蓝西两人说的是完全相反的情况，所以这两人必定有一个人说了谎话。

又因为四个人里只有一个人说了谎话，所以杜露和杨安说的就都是真话，因此可以知道杜露去了，杨安没去。所以我们知道没有参加活动的人是杨安。

然后我们再来看是谁说了谎话。因为只有一个人没有参加活动，所以是杨安没有参加活动，而蓝西参加活动了，那么冯源说的“蓝西那天没有去”就是谎话了。

综上所述，是杨安没有参加活动，冯源说了谎话。

法官的判断

开启游戏

某个案件开庭，法官吴宇需要先对甘雨、杨明、杜兰三个嫌疑犯的身份做出判断，他事先看过案卷，这三人要么是专说假话的小偷，要么是只说真话的君子。在开庭之前，吴宇先问甘雨：“你是君子还是小偷？”甘雨说了一句话，但是因为是方言，法官吴宇根本听不懂，他转而问杨明和杜兰：“他刚才说的什么？”杨明说：“甘雨说他是君子。”杜兰却说：“甘雨说他是小偷。”听了他们的话，吴宇了解了杨明和杜兰的身份。你能想明白其中的道理吗？

头脑发动机

这个题目的解答，必须运用逻辑推理，同时也要发挥我们的想象能力。当面对法官“你是君子还是小偷”的问题时，不管甘雨是说谎话的小偷，还是说真话的君子，他都一定会回答“我是君子”。所以杨明说“甘雨说他是君子”，这句话就是真话，所以杨明是说真话的君子。而杜兰说“甘雨说他是小偷”，那么甘雨一定说了谎话，他才是那个小偷。所以听完杨明和杜兰的话，法官已经明白杨明是君子，杜兰是小偷的事实。

谁杀害了精神科医生

开启游戏

精神科医生林大夫在自己的公寓内被杀，甘警官接到报案后迅速封锁公寓，经过初步调查发现医生遇害当天有四个精神病人去过公寓，这四人分别是谭雨、于汶、温江和姜悦，他们每个人都是单独去的。甘警官决定讯问四个精神病人，并在讯问前即监控四人。通过监控，甘警官发现四人在精神病院秘密商定，他们会每人向警察提供两句供词，而且每句都是谎言。甘警官分别讯问了谭雨、于汶、温江和姜悦，他们的供词如下：

谭雨说：“林大夫不是我们四个去探望的人杀害的。我离开公寓的时候，他还活着。”

于汶说：“我是第二个去林大夫公寓的。我到达他房间的时候，他已经死了。”

温江说：“我是第三个去林大夫公寓的。我离开公寓的时候，他还活着。”

姜悦说：“凶手不是在我去林大夫公寓后去的。我到公寓的时候，他已经死了。”

甘警官结合四个人说的话，很快推断出了凶手。你知道是谁杀害了林大夫吗？

头脑发动机

四个人说的都是谎话，还能从中推断出真正的凶手吗？答案是可以的，我们需要做的就是冷静下来仔细推理，并在发挥想象力的基础上大胆求证，从而得出正确结论。

首先看四个人的第二句供词因为每个人说的都是谎言，所以我们可以知道于汶和姜悦到的时候，林大夫还活着，而谭雨和温江离开公寓的时候，林大夫已经死了。因此，于汶和姜悦是前两个去的公寓，而谭雨和温江是后两个去的。

于汶曾经说“我是第二个去林大夫公寓的”，因为他说的是谎话，所以他其实是第一个去的公寓，而姜悦是第二个去的。

温江曾经说“我是第三个去林大夫公寓的”，同样因为他说的是谎话，所以他实际是第四个去的，而谭雨是第三个去的。

姜悦在供词里说“凶手不是在我去林大夫公寓后去的”，这句话是谎话，所以实际上凶手是在他之后去林大夫公寓的，也就是说凶手有可能是第三个去的谭雨，也有可能是第四个去的温江。

谭雨在供词里说“我离开公寓的时候，他还活着”，因为这句话是谎话，所以实际情况是他离开的时候林大夫已经死了。所以凶手就是谭雨，是他在离开之前杀死了林大夫。

第七章

拓展思维，提升发散想象能力

技巧简介：从一点向四面八方想象开来

发散想象，是指大脑在进行想象思维活动时呈现一种多维扩散的状态。发散想象在人类的创造力发展中起到重要作用，具有核心性、基础性和保障性的特征。

在进行发散想象时，我们的思维会沿着许多不同的方向扩展，使观念和想法发散到各个方向，最终产生多种可能的答案，而不是唯一的答案。因此，发散想象思维状态下很容易产生有创见的新颖观念。

当我们遇到解决不了的问题时，可以考虑把思维发散。比如，当我们策划的方案遇到难题时，可以用“设计思维”（design thinking）来梳理信息，发散设计想法，从而找到可执行的方案；也可以采用“头脑风暴”的方式，几个人坐下来一起想办法，借助大家不同的思维角度来进行思维的碰撞，从而得到不同的结论。

发散想象是创造性思维的最主要特征，在日常生活中，我们也可以通过一定的方式来培养发散想象能力：

1. 围绕事物本身展开想象

展开发散想象之前，我们要尽可能多地了解事物的外在特征和本质特征，进而以事物的材料、功能、结构、形态，以及形成、发展的规律等为发散点，设想出每个方面的可能性，在此基础上梳理和整理信息，从而推出多种可能的结果。

2. 通过逆向思维发散想象

发散想象可以通过假设推测的方法推测出各种可能性。采用逆向思维思考时，我们可以假定出与事实相反的情况，并以此为发散点推导出结论。无论结论有多么不切实际都不要紧，重要的是思考其成立的概率。

3. 通过头脑风暴来集思广益

可以采用集体会议的形式来发散思维，我们常称之为“头脑风暴”。在头脑风暴中，每个人都可以毫无顾忌地说出自己的想法，只要整体思路能说通，都可以得到认可。可能大家提出的方案不是每个都十分正确，但是在数量上有优势，我们可以在此基础上再次做筛选，从而找出最合适的方案。

想象力游戏：大胆发散，丰富思维

关于圆圈的遐想

开启游戏

提到“圆圈”，你会想到什么？在英语中，圆圈是字母o；在数学中，圆圈是0；在语文中，圆圈是句号；在几何中，圆圈是一个圆……圆圈本身并没有任何变化，变化的是它在我们生活中扮演的角色。

你对圆圈有什么遐想？请尝试用发散思维来描述你的想法。

头脑发动机

每个人想到“圆圈”的时候，都会有不同的想法。从形状上看，圆圈是圆形的，像带给我们光明的太阳，像盛放东西的碟子，像眼睛，像水滴，像泡泡。从数字上来说，圆圈是正数与负数的分界线。这个题目没有固定答案，因为每个人心目中都有一个不同意义的圆圈。这里提供一种思路做参考，但绝对不是唯一的答案。

红砖的用途

开启游戏

用来盖房子的红砖，其实也有许多其他的用途，你能想到哪些呢？

头脑发动机

这个是考验发散思维的题目，尽情发挥想象力来提出红砖的用途吧。

从质量来说，红砖很重，可以当哑铃锻炼身体，受到攻击时还可以当武器用来自卫；从形状来说，它是长方体，可以当尺子用；从颜色来说，红色的砖可以在水泥地上写字、画画；从硬度来说，红砖可以用来当凳子，也可以用来垫脚，还可以用来砸核桃……

你还能想到什么用途吗？快快分享出来吧。

金钱不是万能的

开启游戏

金钱可以买到许多东西，但它毕竟不是万能的，也有许多买不到的东西。请你联想它的作用和局限，描述它能买到的和不能买到的东西，联想得越多越好。

头脑发动机

发散思维的题目，没有固定答案，我们要做的就是尽情发挥想象力，锻炼自己的发散思维能力。下面提供几种参考答案，不要局限于此，要知道，自己的答案才是最好的。

金钱能够买来床铺和被褥，却不能买来最好的睡眠；金钱能够买许多书本典籍，却买不来书中记载的知识；金钱能够买到食物和蔬菜，却不能买来安然用餐的惬意；金钱能买到金银首饰，却买不来最真挚的感情；金钱能买药物，却买不来健康；金钱能买到房屋，却买不来温馨的家庭……

铅笔的用途

开启游戏

我们日常生活中最常用的铅笔，除了写字之外，还有哪些用途？

头脑发动机

铅笔是我们小时候最常使用的东西，大家对它肯定再熟悉不过了，关于它的用途大家可以尽情发挥想象力，这里提供几种思路做参考：

铅笔可以用来画直线；无聊的时候可以当玩具，也可以当作竹蜻蜓的杆；铅笔削下的木屑可以做成装饰画；读书的时候，可以夹在书中当书签……

友谊是什么

开启游戏

友谊是人类最美好的感情，有人曾把友谊比作桥，并这样描述它："友谊是什么？友谊是座桥。当你从这岸走到那岸，误解已被清水洗掉……"在你眼中，友谊是什么？请仿照例句写出你眼中的友谊，越多越好。

头脑发动机

友谊是抽象的情感，将它比喻成具体的事物，一定会是美好的、给我们留下深刻印象的，尽情发挥想象力来思考吧。几种供参考的比喻：

友谊是蝴蝶，在百花丛中嬉笑追逐，换来张张灿烂的笑脸；友谊是蜜糖，我们一同品尝，甜蜜一滴滴渗入心田；友谊是音符，我们共同谱写，奏成美妙的乐曲；友谊是一条瀑布，飞溅着真诚的水花；友谊是彩绸，我们共同剪裁，缝制成一件件绚丽的衣衫；友谊是开心果，总能给我们最美好的记忆……

气压计测楼高

开启游戏

怎样利用一个气压计测定一栋楼的高度？试着想出办法，想得越多越好。

头脑发动机

用气压计测定楼的高度，听起来有些不可思议，但这是完全可以实现的，而且方法有很多种，我们需要做的就是充分发挥自己的想象能力。这里提供几种答案做参考：

我们可以把气压计拿到楼顶，让气压计从屋顶落下，用秒表记录下它落下的时间，然后利用物理公式，即气压计下落时间经过的距离（也就是楼的高度）等于重力加速度乘以下落时间平方的一半。这样可以算出楼的高度。

我们也可以用等比的方式来计算，如在有太阳的日子记下楼顶上气压计的高度及影子的长度，再测出建筑物影子的长度，利用简单的比例关系，就可以算出建筑物的高度。

当然，我们还有其他的办法，如直接去问物业管理员。我们可以拿上气压计去找物业管理员，并告诉他："管理员先生，我有一个很漂亮的气压计。如果您告诉我这栋楼的高度，我将我的这个气压计送给您。"这也是一个很聪明又很省心的好方法。

当然，用气压计测得楼房高度还有许多其他办法，开动脑筋好好想想吧！

毛毛虫过河的方法

开启游戏

河边的草丛中住着毛毛虫一家。一天，有一只小毛毛虫爬到一棵树上，发现河对岸的景色非常美丽，鲜花盛开、蝴蝶飞舞。于是，毛毛虫便想到河对岸生活。可是，大河挡住了它的路，它该怎样过河去自己梦想的地方生活呢？聪明的你能想出怎么让毛毛虫过河吗？

头脑发动机

我们可以想办法让其他动物或物体带它过河，如让过河的船或者大动物带着它。毛毛虫也可以用树叶当小船划过去，或者找座小桥爬过去，再或者等哪天河水干了再过去。当然，还有一个很好的办法，就是等毛毛虫变成蝴蝶的时候，它可以自己展翅飞过去。你还能想到其他的方法吗？

维纳斯的断臂

开启游戏

《断臂的维纳斯》是古希腊雕刻家阿历山德罗斯的大理石雕塑，创作于公元前150年左右，现收藏于法国卢浮宫博物馆。维纳斯是罗马神话中的爱与美女神，也是象征丰饶多产的女神。阿历山德罗斯雕刻的维纳斯，头部与身躯都是完整的，但左臂从肩下已丢失，右臂只剩下半截上臂，雕像在卢浮宫展出后，人们立刻对雕像失去的双臂展开了无尽的想象，你能想象出维纳斯所缺双臂的姿态吗？

头脑发动机

这个同样是考验想象力的题目，没有固定答案，这里仅提供几种思路做参考。从姿态上看，维纳斯可能左手拿着苹果，手臂搭在木台上，右手紧贴自己的裹裙。也有可能是维纳斯正在进行表演，她可能两手拿着胜利的花环。因为上半身裸露着，维纳斯也可能正准备沐浴，她左手抓着头发，右手提着裹裙……你还有哪些想法呢，试着写下来吧。

是谁在敲门

开启游戏

美国近代著名科幻小说家弗里蒂克·布朗曾写过一篇极短的科幻小说："地球上最后一个人独自坐在房间里，这时忽然响起了敲门声……"敲门的人会是谁呢？外星人、动物、幽灵，还是这世界上有其他人呢？你能想象出是谁在敲门，后来又发生了什么故事吗？

头脑发动机

这个极短的小说之所以出名，一是因为它的背景吸引人，地球上为什么会剩下最后一个人呢？二是因为故事情节吸引人，忽然响起了敲门声这个情节特别吸引人。三是因为它没有结局，开放式的结尾格外引人遐思。每个人想象中的地球末日都有不同，你想象中最后一个人会有什么奇遇呢？这里有一种思路供参考。

地球上最后一个人独自坐在房间里，这时忽然响起了敲门声。

那个穿黑色T恤的男士站起身来，他没有什么可害怕的，外星人不是他的对手，动物们见了他也绕道而行，不管是谁，他都有足够的能力应对。

他拿着一把枪开了门，门外空无一人。他出了门仔细看了四周，突然发现一个小孩儿模样的生物站在门外。他有些疑惑地问："你是人吗？"

那生物摇了摇头："我是居住在星星上的小王子，我之前来过地球，那时候地球上有很多人，很多好玩儿的事情，不知道为什么现在什么都没有了。我走了很久的路，只遇到了你一个人。"

"我知道你。地球上很多人都知道你，但是他们都走了。地球上的环境越来越恶劣，所有的植物都不能存活，人类没有办法，只好去往外星球生活了。"

"那你为什么不去呢？"

"我体质好，在现在的环境下还能继续生活，我想研究如何能改善环境，让地球变成原来的样子。"

"那很好呀，我有一个好朋友，她曾留给我一粒玫瑰花种子，我把它送给你，希望能带给你幸运。"

小王子说完递给他一粒种子，他小心翼翼地收下了。小王子笑了笑，乘着他的飞船离开了。后来，那个人将玫瑰花种子种在土地里，没想到这粒种子竟然发芽、开花了。"玫瑰花开了，一切都会好起来的。"地球上的最后一个人看着花笑了。

下水道井盖为什么是圆形的

开启游戏

有一天，蓝欣带着儿子在外面散步，他想锻炼一下儿子的想象力，就指着地上的下水道井盖问：“你知道为什么下水道井盖是圆形的吗？”儿子皱皱眉头说：“因为下面的洞是圆形的，所以井盖也是圆形的。”蓝欣说：“很棒，还有其他的答案吗？”儿子继续想，却怎么也想不出来。聪明的读者，你能帮他想出更多答案吗？

头脑发动机

这里提供三种答案做参考。第一，下水道井盖是圆形的，可能因为圆形井盖在井口上以任意角度转动，都不会掉进井里，而方形井盖的长或宽，都必然小于对角线的长度，就有可能会掉进井里。第二，下水道盖子是圆形的，也或许和圆形方便滚动有关，也就是说，沉重的圆形井盖可以通过滚动的方式到达目的地，很方便操作。第三，圆形井盖能很快把下水道盖严实，而方形必须把四个角都对准位置才能盖好。

老婆婆报时的秘密

开启游戏

紫云山脚下住着一位老婆婆，她每天坐在门口的瓜棚下做些琐碎的农活儿。经常有路人经过，有的会问她现在几点了。这个时候，她总是双手推一下手边的一个大葫芦，然后就能说出准确的时间。这个葫芦看起来并没有什么特别，除了个头儿大些，并没有什么特异功能。那么，为什么老婆婆推一下它就能知道具体的时间呢？

头脑发动机

在我们的认知里，葫芦和时间是没有必然关联的，那么为什么老婆婆推一下葫芦就能知道时间呢？想想真是件奇怪的事情啊！但是认真考虑一下，如果葫芦后面有个挂钟呢？平日可能葫芦挡住了挂钟，但只要推开葫芦就能看清楚挂钟上面显示的具体时间。或者葫芦后面藏着她的手机，一推开就能看到手机上的时间。关于老婆婆报时的秘密，你还有其他答案吗？

十年可能有多少天

开启游戏

我们都知道一年有365天，那么10年可能有多少天呢?

头脑发动机

你是不是要脱口而出3650天?但是这个答案是错的。我们必须结合现实并运用想象力来回答这个问题。

这里我们需要知道闰年的知识。闰年是为了弥补因人为规定造成的每年天数与地球实际公转周期的时间差而设立的，补上时间差的年份为闰年，普通年份是365天，闰年年份是366天。闰年分为普通闰年和世纪闰年，普通闰年的年份是4的倍数，且不是100的倍数；世纪闰年的年份必须是400的倍数。

所以，10年可能只有1个闰年，如1897年到1906年，只有1904年是闰年，这时10年一共有3651天；10年也可能有2个闰年，如1901年到1910年，这期间1904年和1908年都是闰年，这时10年一共有3652天；10年还有可能有3个闰年，如2000年到2009年，这期间2000年、2004年、2008年都是闰年，此时10年里一共有3653天。所以，10年有可能是3651天，也可能是3652天，还有可能是3653天。

第八章

突破局限，提升创意想象能力

技巧简介：用精彩的创意解决高难度问题

创意想象，就是应用创造性思维对脑海中已有的感性材料进行深入的分析、综合、加工和再创造的过程。它属于想象力的高级形式，具有独立性、创造性的特点。

在进行创意想象时，我们通常会从一定的目的与任务出发，调动自己的创意思维，在头脑中创造出新概念、新理论、新形象……

比如，广告设计师会借助自己的想象力，编写新奇有趣的广告脚本，以体现产品特性和品牌内涵，但形式却是前所未有的，常常会让人们有眼前一亮的感觉；而科研人员研究的新材料、发明的新技术，作家塑造的人物形象、编写的小说情节等也都是在创意想象的基础上诞生的。

在进行创意想象的过程中，以下这些因素是必不可少的：

1.强烈的创造愿望

进行创意想象离不开强烈的创造愿望，而这种愿望通常是在工作、生活、学习中遇到了棘手的问题时才会被激发出来。

在创造愿望的驱动下，我们会开始自由地想象，此时大脑处于非常活跃的状态，能够根据我们的知识储备自发产生联想，再组合成一连串天马行空的想法，为创意的诞生奠定必要的基础。

2. 丰富的知识储备

创意想象不同于胡思乱想，它需要建立在丰富的知识储备的基础上：一方面，大量的知识可以为想象提供必要的“素材”；另一方面，我们还可以根据这些知识甄别并抛弃过于荒唐的想法，使得想象的结果不会偏离初衷。

创意想象应当与现实知识相结合，而这就要求我们平时要对各种各样的事物、现象进行细致的观察，并要对相关领域进行非常深入的研究。

3. 突破性的思维活动

想要成功进行创意想象，我们一定要学会突破自己的固有思维，而这也是一般人和创意达人之间的一个重要区别。

通常情况下，在面对问题的时候，很多人会按照自己过去的经验进行处理。他们已经习惯了一些固有的思维模式，会自然而然、按部就班地处理事件。

这样或许不会出现大的错误，可也会让思维的灵活性和独特性大受影响，如果遇到疑难问题或是某些从未见过的情况，他们就会感觉束手无策。但那些创意达人却不会受困于固有思维，他们最喜欢做的事情就是打破思维的“墙”，让想象力引领自己“创造前所未有的事物”。

除上述几点外，进行创意想象还有一个必不可少的因素，那就是“灵感”。

灵感是一种突发性的思维状态，它常常会在我们努力思考的时候不期而至。如果我们没有好好抓住它，它又会转瞬即逝。所以我们一定要果断地抓住灵感，才不会让它悄悄溜走。

想象力游戏：发挥创意，脑洞大开

沙漠奇案

开启游戏

在一望无际的大沙漠里，有一个男人一丝不挂地躺着，已经停止了呼吸。

在他的手中，紧紧捏着半根没有燃烧过的火柴，周围还散落着一些行李。除此以外，再也没有其他的痕迹。

请你发挥想象力，思考一下男人的死因是什么。

头脑发动机

在玩这个游戏时，我们一定要注意避免受到固有思维的限制。比如，看到一个男人死于沙漠中，就会想到他是渴死的，但这个答案无法解释“一丝不挂”“火柴”“散落着一些行李”等疑点。

又如，看到火柴，就想到男人可能是被冻死的，死前想要点火取暖，但这又无法解释他为何要脱去所有的衣服，而且火柴为什么只有半根，且没有燃烧过。

那么，真相到底是什么样的呢？你可以开动脑筋，想象出各种合理的解释。以下的思路仅供参考：

这个男子可能与另外几个人乘坐热气球在沙漠上空旅行，不料在飞行途中热气球出现了故障，为了安全航行，只能减轻热气球的载重，否则就有坠毁的危险。

几名乘客将所有的行李丢了下去，但效果不佳，气球仍在坠落；他们又开始脱下身上穿着的衣服，一并扔了下去，可问题还是没有得到解决。

危急时刻，他们不得不采用抽签的方法决定扔下一人。这个男子非常不幸，抽到了最短的火柴，所以被其他人扔了下来，这就是他死于沙漠的原因。

高空坠蛋

开启游戏

假如交给你1个鸡蛋、1个小气球、1个塑料袋、10根竹签、8条橡皮筋、1卷胶带，要求你在25分钟内，为鸡蛋设计一个保护装置，这期间只能使用上述这些材料，不能额外添加材料。

之后，你需要从3楼的窗口将鸡蛋丢下来，但是鸡蛋落地时不能被摔碎。

你能够发挥自己的想象力完成这个游戏吗？

头脑发动机

鸡蛋是非常脆弱的，有时只要轻轻一磕就会碎裂，但现在要求我们从3楼扔下鸡蛋，还要保证鸡蛋是完好的，听上去确实很有难度。不过只要我们努力进行想象，就一定能够找到解决问题的办法。

事实上，有很多种方法都能保证鸡蛋不被摔碎，以下方法仅供参考：

（1）将竹签搭成下图所示的支架，用橡皮筋捆扎结实。

（2）将鸡蛋用塑料袋包裹好，放入支架中，用胶带固定好，确保鸡蛋不会掉出支架。

（3）在支架上方挂上吹好的气球，“高空坠蛋”装置就做好了。

这个装置使用了所有的材料，整体形状为多面体，鸡蛋被固定在支架中央，呈悬空状态，且非常稳定，落地时受到的冲击会很小。不仅如此，由于装置上有气球，能够增加升力，减缓下落速度，所以鸡蛋在坠地时可以保持完好。

你还可以设想其他更加巧妙的办法，也可以增加一些材料，以完善这个“高空坠蛋”装置。你还可以与朋友、家人、同事一起玩这个游戏，大家进行头脑风暴，一定能够想象出更好的方案。

好友的聚会

开启游戏

米奇、洛克、杰罗德是关系很好的朋友，他们居住在同一个城市。无论工作多忙，他们每隔两个星期都会抽空聚会一次。

最近该城市进入雨季，天气变幻莫测，有时下雨，有时阴天，有时天晴，毫无规律可言。而米奇患有一种皮肤病，在阳光炽烈的时候不能留在户外，否则病情就会加重，全身都会刺痒不堪；洛克的左腿受过伤，平时走路需要拄着拐杖，雨天路滑的时候也不方便外出；杰罗德患有轻度抑郁症，他最讨厌阴天，天气阴沉的时候哪儿都不想去，只愿意待在家中。

在这种情况下，三位好友的聚会似乎不可能实现。那么，你能帮他们想个办法如期会面吗？

头脑发动机

这个游戏看似困难，可要是能够跳出常规，带着想象力去思考，就能够立刻找出答案。

的确，如果从天气因素来分析，无论阴天、晴天，还是下雨，都会有一个人不愿意外出。

但事实上，聚会的形式、地点都是没有规定，三人可以在户外聚会，也可以在室内聚会，而室内聚会完全不受天气影响，可以随时进行。

比如，在阴天的时候，杰罗德不愿意出门，米奇和洛克就可以到他家去聚会；而在晴天的时候，杰罗德和洛克可以去米奇家，米奇就不用勉强自己接受阳光照射了；至于下雨的时候，米奇、杰罗德可以去洛克家，洛克也就不用拄着拐杖走在湿滑的地面上了。

只能移动一根火柴

开启游戏

下图是由火柴组成的算式1+9=8+8，这个算式明显是不对的，但是只要移动一根火柴，就能让这个算式成立。你能想到移动的方法吗？

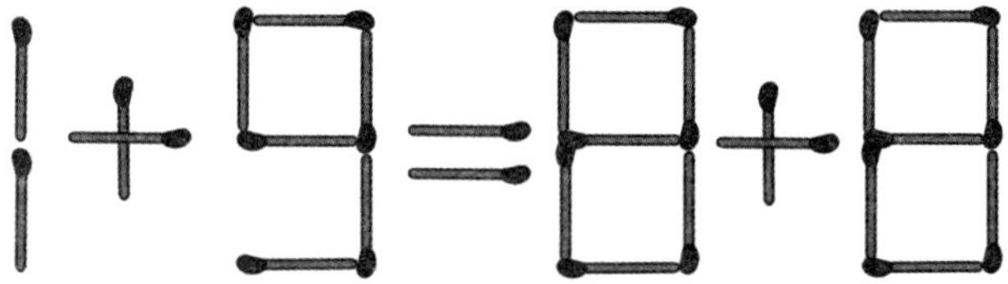

头脑发动机

这个题目非常考验想象力，只要耐心观察并发挥想象，就能想出正确的方法，而且不止一种。

第一种方法：我们可以把等式右侧数字8中间的火柴去掉，并将这根火柴放到1的前面，这样等式就变成了-1+9=0+8，左右两侧都是8，等式成立。

第二种方法：将等式右侧的加号变成减号，并将去掉的那根火柴放到右侧第一个数字8的前面，这样等式就变成了1+9=18-8，左右两侧都是10，等式成立。

你还能想出其他的方法吗？发挥自己的想象力，找到更多解决方案吧！

如何让等式成立

开启游戏

林园的妈妈给她出了个题目，如何使“1 2 3 4 5=25”这个等式成立？可以使用加减、乘、除号和括号等符号。妈妈说如果完成了，就带她去吃汉堡。你能帮她完成吗？

头脑发动机

这个题目要求我们突破常规，运用创造性思维来思考。不要被数字所迷惑，试着填入符号吧。下面的几种方法供参考：

方法1：1×2+3+4×5=25

方法2：[(1＋2)÷3＋4)]×5=25

方法3：1×(2＋3)×4＋5＝25

方法4：1×(2＋3)＋4×5＝25

你一定还能找到其他使等式成立的方法吧，动手试试看！

多少人通过了考试

开启游戏

某个大型公司招聘技术骨干，初试采用笔试的形式，共有100人参加。考试共有5个题目，第1题有80人答对，第2题有92人答对，第3题有86人答对，第4题有78人答对，第5题有74人答对。公司规定答对3个或3个以上题目的人通过初试。你能推算出至少有多少人通过了初试吗？

头脑发动机

有多少人通过了初试，这个还真不好算，毕竟我们只知道每个题目答对的人数。但是我们可以发挥想象，通过逆向思考解决这个问题。我们要算出至少多少人通过考试，其实就是算最多做错了3个题的人数。这样我们可以算一下被答错的题目总数：(100-80)+(100-92)+(100-86)+(100-78)+(100-74)=90。也就是说有90个题目是被做错的，通不过的人的情况就是每人做错3个题目，也就是说最多有30人不通过，这90个题目恰好是他们每人错3题。所以通过这次考试的最少人数是100-30=70人。

竹子如何上公交车

开启游戏

江南某地有个习俗，搬新家时要带两棵竹子，寓意“基业稳固，好事成双，好日子节节向上节节高”。李密搬家必须乘坐公交车，他要带的竹子中有一棵是2.5米长，而公交车规定携带的行李最长不能超过2米，该如何在不违反规定的情况下，将2.5米长的竹子带到新家呢？李密为这事儿发愁了好几天，你能帮他想个办法吗？当然竹子是不能折断的。

头脑发动机

竹子长2.5米，按照公交车规定是不能带上去的，但是题目要求必须带上去还不能折断竹子，这个看起来确实是做不到，但是如果充分发挥想象力，还是可以找到解决办法的。比如，我们可以将2.5米的竹子装进一个2米长，1.5米宽，1米高的箱子里，2.5米长的竹子可以斜着装进去，而箱子不超过2米长，当然可以带到公交车上了。

5行4棵

开启游戏

某年植树节，老师给了林西他们植树小组10棵树，要求这10棵树分5行排列种植，而且每行必须有4棵树。一般来说，每行4棵树，种5行，应该要20棵树才对。但老师只给了10棵，这可怎么种才好呢?

头脑发动机

正常的种植方法行不通，我们必须发挥想象力。既然只有10棵树，那么这10棵树就必须重复利用，才可能满足要求。

树的排列是要求成行，那么树所形成的直线必须有交点，这5行树所形成的直线就必须两两相交。比如，把树种成日常生活中常见的五角形，就可以满足题目中的条件。当然，还有其他的排列方法，大家可以开动脑筋，只要保证5条直线两两相交，并且每条直线有4个不重复的交点，那么就可以满足老师的种树要求。

巧妙过桥

开启游戏

刘丹挑着一对竹筐去市场上买东西。从他家到市场上要穿过一座长长的独木桥，独木桥很窄，每次仅能通过一个人。当他走到桥的正中间时，对面过来了一个孩子，他转头打算回去，不想后面也来了一个孩子。这可怎么办才好呢？他进退不得，有没有办法不让孩子后退就使三个人都过桥呢？

头脑发动机

刘丹前面有个孩子，后面也有个孩子，桥是独木桥，继续前进就需要对面的孩子退回去，向后退就需要后面的孩子也跟着后退，怎么看都很难不让两个孩子后退，大家又顺利过桥。这个时候，我们就要发挥想象力。

刘丹的身边有什么可以借助的工具吗？有的，一对竹筐，因为要去市集买东西，所以现在竹筐里应该是空的。那我们完全可以利用竹筐来解决问题，如让两个孩子坐进竹筐，然后刘丹将竹筐前后调换一下方向，这样两个孩子的位置就换过来了，大家谁都不用后退，可以继续过桥了。

移动水杯

开启游戏

韩言喜欢玩水，这天她拿着六个杯子盛水玩，妈妈看到的时候，她正将杯子的顺序排好，前面三个杯子盛满了水，后面三个杯子是空的。妈妈看到这个情况就给她出了一个题目："你能只移动一个杯子，就让盛满水的杯子和空杯子间隔排列吗？"韩言觉得这是不可能的，因为总要有两个杯子互换位置才可以实现。妈妈却坚持说这绝对可以实现，如果她做不到，以后就不许再玩水了。韩言想了很久，终于想到该怎么做了。你知道该怎么做吗？

头脑发动机

这听起来确实不容易办到，只移动一个杯子，怎么能实现有水和没有水的杯子间隔排列呢？至少要把第二个和第五个杯子的位置互换才能做到。既然只能移动一个杯子，那就只好把杯子里的水倒到另外的杯子里了。事实上，这确实是解决问题的好办法，题目中说只许移动一个杯子，但没有说不许往另外的杯子里加水呀，所以我们只要把第二杯水倒进第五杯，然后再把第二个杯子放回原来的位置就可以了。

忒修斯进迷宫

开启游戏

希腊神话故事里，克里特国王米诺斯的儿子被雅典人杀害了。米诺斯是宙斯和欧罗巴的儿子，他拥有强大的力量，强迫雅典人每年进贡七对童男童女。进贡童男童女是为了献祭给一个牛首人身的怪物米诺陶洛斯，这个怪物不吃其他食物，只吃人肉。米诺斯把它关进一座迷宫中，定期将人送去献祭给它。

当雅典人第三次纳贡时，王子忒修斯自愿充当牺牲品，被进贡入迷宫。他装扮成一个童男，身上藏着锋利的宝剑，打算混进迷宫，趁怪物米诺陶洛斯不备，一举杀了它，为民除害。

克里特国王的公主阿里阿德涅在见到忒修斯之后爱上了他，她知道他要去杀怪兽，就问他有什么打算。忒修斯胸有成竹地说："怪兽来的时候，我趁机用锋利无比的宝剑刺穿它的心脏，这不是什么难事。"

公主说："杀死怪兽不是难事，难的是走出迷宫。这迷宫内部错综复杂，你即使杀了怪兽，也不一定能带领大家逃出来。"忒修斯听了也紧皱眉头，他之前从未想过这个问题。公主想了想，告诉他一个简单却有效的办法。后来他果然杀了怪兽，并靠着这个方法走出了迷宫。你知道公主想的办法是什么吗？

头脑发动机

公主没有找迷宫的路线图来研究，也没有找建造迷宫的人来指点迷津，她用了最简单却出人意料的办法，这必须归功于她超强的想象力。她让忒修斯想办法在进入迷宫的时候沿途留下线索，最简单的办法就是进入迷宫的时候带一根长长的红线，将线的一端系在迷宫的大门上，这样杀死怪兽后，忒修斯也能顺着红线出来。后来，忒修斯果然杀死了怪兽，并按照这个方法顺利走出了迷宫。

捞手表的奇思妙想

开启游戏

宗瑜是个很聪明的孩子，有年夏天，她去乡下奶奶家住了几天。有一天，奶奶的手表掉进了井里，那是块防水手表，只要捞出来就还能用。奶奶用各种工具捞了许久，也没有捞上来，因为井底太黑，根本看不到手表，只能在里面摸索。宗瑜看了看天上的大太阳，想起书上说的光线反射原理，于是找了一面镜子，但无论怎么调整镜子与井口之间的角度，也无法把光线反射到井底。宗瑜陷入了沉思，你能帮他想到办法吗？

头脑发动机

学过光线的反射知识后，我们都知道镜子是可以改变光线反射的方向的，但是在这个案例中，一面镜子怎么也不能将光线反射到井底，这时候就要运用想象力，找到解决问题的方法。一面镜子无法将光反射到我们想让它照射的地方，可以尝试用两面或多面镜子来反射。在这个题目中，我们就可以用两面镜子来反射光线，只要调整好角度太阳光经过两面镜子的反射之后，是可以照进井底的。

纪晓岚戏改古诗

开启游戏

南宋诗人洪迈在《容斋随笔》中，记录了人生的四大喜事：久旱逢甘霖，他乡遇故知。洞房花烛夜，金榜题名时。

后来，清朝才子纪晓岚看到这首诗，就想要改写。他在每句的句首添加了两个字，这首诗就让人觉得喜上加喜了。他又在每句的句尾添加了两个字，这首原本让人开心的诗，顿时就变成了让人悲伤的诗。你知道他添加的都是什么字吗？

头脑发动机

纪晓岚对中国文化史有重大贡献。他是《四库全书》总纂官，所著的《阅微草堂笔记》至今流传。他的创意在改编这首诗中体现得淋漓尽致。

句首添加两个字后，让人倍感喜悦。句首加字如下：

（十年）久旱逢甘霖，（万里）他乡遇故知。（和尚）洞房花烛夜，（寒儒）金榜题名时。

而句末加字后，这首开心的诗词，瞬间就变成了让人悲伤的诗。句末加字如下：

久旱逢甘霖（几滴），他乡遇故知（债主）。洞房花烛夜（隔壁），金榜题名时（师弟）。

用一张牛皮圈地

开启游戏

在希腊神话中，有个叫推罗的王国，这个国家的国王有个聪明又美丽的公主狄多。狄多自幼深受国王喜爱，过着幸福无忧的生活。但是好景不长，推罗后来爆发了叛乱，她的父王也被人害死了。狄多公主带着仆人和金银珠宝开始逃亡，离开了自己的国家，辗转奔波，后来到了富饶的北非。狄多很喜欢非洲的自然风光，想要在那里定居下来。

于是，狄多公主去拜见了非洲的雅布王，她诉说了自己的遭遇并恳请雅布王给她些土地。雅布王很同情这位美丽的公主，但又舍不得给土地，于是他给了狄多公主一块牛皮，说：“你们用这块牛皮圈土地，我会把圈到的土地给你们的。”他认为这样既答应了公主的请求，又不会让自己损失很多国土。

公主的仆从都认为这是羞辱，一块牛皮能圈多大的面积？然而，狄多公主却接受了，并带领仆人开始用牛皮圈地。过了两天，有人来告诉雅布王，狄多公主用这块牛皮在海边圈起了一大片土地，几乎有整个国家的三分之一大了。雅布王大吃一惊，怎么也想不到一块牛皮怎么可能圈这么大面积的土地。你能想到狄多公主是怎么做到的吗？

头脑发动机

一张牛皮能圈起三分之一个国家？听起来非常不可思议。但狄多公主却做到了，这是因为她用了想象力来解决问题。原来，狄多公主吩咐跟随她的仆人们将牛皮切成细绳，再将绳子连接起来。在陆地上圈出了一块面积相当大的圆形土地。为什么是圆形土地呢？这是因为公主还考虑到同样周长的平面图形中，圆的面积最大，之所以圈成圆形，是因为可以获得最大的土地面积。

刁钻的财主

开启游戏

在一个小镇上，有个老实木讷的老漆匠。有一天，有个财主让他去家里做些活儿，给家里新做的方桌上漆，要求颜色涂得和旧方桌一模一样。如果能够完成，财主就会给双倍工钱，如果做不到，那么财主就不给一分工钱。老漆匠干了整整两天，才把方桌漆完，漆完后的方桌非常漂亮。和旧的几乎没有任何差别，唯一的差别就是一个新，一个旧。但财主就抓住了这点，非说新的和旧的桌子不一样，说什么也不给工钱。老漆匠没办法，无奈地回家了。

过了几个月，财主家做了新的椅子，这次他又想坑骗老漆匠。但是，这次老漆匠长了心眼，说什么也不愿意接他的活儿。财主就在老漆匠的店铺里大吵大闹，说他做不好活儿，现在又不愿接新的活儿。老漆匠有个徒弟，他知道师傅上次被财主骗的事，心里很生气，就想为师傅出气。于是，徒弟走出来说："我可以替师父做这个活儿，不过我有个要求，如果我漆出来的椅子和旧椅子一模一样，你要付我四倍工钱。当然，如果和旧椅子不一样，这次我还不收钱。"

财主很高兴，于是痛快地答应了，并带着老漆匠的徒弟回了家。几天之后，徒弟回来了，开心地说财主付了自己四倍工钱，终于把上次的钱也赚回来了。你知道老漆匠的徒弟是怎么做到的吗？

头脑发动机

如果按照常规思路来考虑问题，无论新的椅子漆得多好，也不会和旧的完全一样。这个时候就要发挥想象力，打破常规，试着从其他方面来解决问题。比如，在这个案例中，老漆匠的徒弟把新的椅子和旧的椅子都重新刷了一遍漆，这样椅子的新旧程度就完全一样了。财主挑不出来毛病，只好付了四倍的工钱。

被冤枉的县令

开启游戏

唐朝有个著名宰相李勉，自幼聪明好学、勤读经史，长大后更是聪慧过人、为官清正廉明，尤其擅长断案。他在陕西做官的时候，遇到了一桩奇特的案子，竟然有人状告当地的县令贪污金元宝。

事情的起因是这样的，有两个农民在地里挖出了一瓮金元宝，农民没有私吞，而是上报给了当地县衙。县令知道后就派了两个衙役去把元宝抬回来，因为担心县衙不安全，他还专门指示将元宝抬到自己家中。元宝抬回后，县令马上将此事报告给上级官员李勉。李勉当时正好在附近，就来县令家中查看，谁知瓮打开后根本没有看见金元宝，而是满满的一瓮土块。

到底是农民撒了谎，还是县令偷了金元宝？大家议论纷纷，农民找来当天看到金元宝的证人，证明他们确实挖到了金元宝。县令却没有证据证明自己没有偷金元宝。于是大家就向李勉状告县令贪污金元宝。

这个县令李勉之前也认识，他不太相信县令是这样的人，况且他之前还向自己报告了这件事，如果是他偷了金元宝，他大可不报告。李勉想了一会儿，就有了个好主意。他让人打开瓮，数了数其中的土块，一共是250块。接着，他让人按照土块的大小制造些金属块，结果才做了100多块，就已经300斤重了。

就这样，李勉为县令洗刷了冤情，并找到了真正偷换金元宝的人。你知道是怎么回事吗？

头脑发动机

李勉能够顺利断案，正是因为他充分利用了自己的想象力。面对没有证据的案件和有苦难言的县令，他能够跳出常规来解决问题。他吩咐人按照现在的土块数量制造金属块，反不到一半数量的金属块的重量就有300斤，那么整瓮的金元宝重量肯定要远远大于600斤。因此他断定当初两个抬瓮的衙役抬的肯定不是整瓮金元宝。由此推测，在瓮被抬到县令家中之前，金元宝就已经被掉了包，而最有可能调换的人显然是两个经手抬瓮的衙役。

李哏切大饼

开启游戏

李哏开了一家早餐店，主要是做大饼，他做的大饼物美价廉，很受大家的欢迎。但是生意好了，就有人妒忌，不时会有人来闹事。这天，李哏的店里来了一个客人，他面色不善，买了一张大饼，并说自己是追求完美的人，他要求李哏将一张大饼切成大小相等的八块，而且只能切三刀。李哏想了想，很快满足了这个客人的要求。你知道他是怎么做到的吗？

头脑发动机

这个要求听起来有些过分，李哏这个时候充分发挥了自己的想象力，他的做法是这样的：先切两刀，保证第一刀和第二刀相交垂直，这样就有了相同大小的四块饼；然后他将四块饼叠在一起，用第三刀将这四块饼一分为二，这样就得到了大小相等的八块饼，满足了客人的要求。

如何分配工作

开启游戏

张悦、王鹏、李丽、赵曼四人相约去野餐，她们到达目的地后，发现有四项工作需要分配，分别是挑水、烧水、洗菜、淘米。因为个人喜好的原因，她们每个人都有不同的要求：张悦不想挑水，也不想淘米；王鹏不喜欢洗菜，也不喜欢挑水；李丽不想挑水，也不想淘米；赵曼说如果张悦不洗菜，那么她就不去挑水。那么，张悦、王鹏、李丽、赵曼该如何分配工作，才能让所有人满意呢?

头脑发动机

听起来很难做到让每个人都满意，但只要发挥想象力，就可以找到完美的解决方案。

根据几个人的要求我们知道，张悦、王鹏、李丽都不想去挑水，那么我们可以让赵曼去挑水。而赵曼要求如果张悦不洗菜，那她就不去挑水，所以为了让赵曼去挑水，我们就要安排张悦去洗菜。剩下的工作就是烧水和淘米了，李丽不想去淘米，就要安排王鹏去淘米，而李丽去烧水。综上所述，最佳的工作分配方案是：张悦去洗菜，王鹏去淘米，李丽去烧水，赵曼去挑水。

鲍西娅挑未婚夫

开启游戏

鲍西娅的父亲在去世前，给她留下了金、银、铜三个匣子，匣子里面放的分别是骷髅、傻瓜的画像和鲍西娅的画像。还留下遗言，谁能不打开匣子就从中选中女儿的画像，就可以做鲍西娅的未婚夫。为了遵从父亲的遗愿，也为了给自己挑选聪明的未婚夫，鲍西娅在三个匣子外面分别贴上一张字条，贴在金匣子上面的字条写着："照片不在此匣中。"贴在银匣子上面的字条写着："照片在金匣子中。"贴在铜匣子上面的字条写着："照片不在此匣中。"同时，鲍西娅告诉所有来应选未婚夫的男子，这三句话中只有一句是真的。聪明的读者，你能猜出照片究竟在哪个匣子里吗？

头脑发动机

这个问题的设计非常有创意，所以解决问题也需要充分发挥我们的想象力。金匣子上的字条写着"照片不在此匣中"，而银匣子上的字条写着"照片在金匣子中"，这两句话是相互矛盾的，它们两者之中必有一个是真的。既然如此，按照三句话中只有一句真话的条件可以知道，铜匣子上写的字条必定是假的。我们再来看铜匣子上写的是"照片不在此匣中"，既然这句话是假的，那么就说明照片一定在铜匣子中。

今天星期几

开启游戏

冯源忘记了今天是星期几，就去问马兰。马兰说："我也忘记今天星期几了，不过你可以去问马娟和马云。马娟在星期一、星期二和星期三这三天说谎话，其他时间都讲真话。马云在星期四、星期五和星期六说谎话，其他时间都讲真话。"于是，冯源去问了马娟和马云，马娟说："昨天是我说谎的日子。"马云听后微微一笑，也说："昨天也是我说谎的日子。"冯源有点蒙了，今天到底是星期几呢?

头脑发动机

看题目确实让人感觉迷惑，有时说真话，有时说谎话，两人说的话还一模一样。不过静下心来细细想两个人说的话，并运用想象力，还是能推断出今天是星期几的。

根据题目来看，马娟和马云不能同时说谎，而两人都说昨天是说谎话的日子，那么今天两人中一定有一个说了真话，一个说了谎话。

我们先假定是马娟说了谎话，那么昨天是马娟说真话的日子，今天是说谎话的日子，那么昨天应该是星期天，今天是星期一。这种情况下，昨天（星期天）应该是马云说真话的日子，而不是说谎话的日子，与条件不符，所以这个假定不成立。

我们再假定是马云说了谎话，那么昨天是马云说真话的日子，今天是她说谎话的日子，那么昨天是星期三，今天就是星期四。这样的话，昨天确实也是马娟说谎话的日子。所以，今天应该是星期四。

少了100元

开启游戏

有两个父亲给两个儿子零花钱，一个父亲给了自己的儿子150元，另一个父亲给了自己儿子100元。然而，当两个儿子在一起数自己零花钱时，发现两人的钱加起来只有150元，而且他们确认自己的钱没丢。这是为什么呢?

头脑发动机

零花钱没丢，为什么会少了100元钱呢?如果你尝试打破常规，应该也能想明白其中的关键：这两个父亲和两个儿子，其实只有三个人，而且他们还是祖孙三代。这样一来，其中一个人的身份既是儿子又是父亲，他得到了150元钱，又给了自己的儿子100元钱，所以他手中实际只有50元。再加上他儿子手中的100元，他们手中的钱总计是150元。

哲学家说了什么

开启游戏

杨梦独自漂流到一个孤岛上，这个岛上的人很野蛮，他们有个奇怪的规矩，凡是来到岛上的外乡人都要作为祭品献给他们的神。他们允许外乡人在临死前说句话，如果说的是真话，那么会在真理之神面前杀掉他，如果说的是谎话，就在谎言之神面前杀掉他。你能帮杨梦想出一句话，使得岛上的人无法杀掉他吗？

头脑发动机

我们必须发挥想象力，才能想出办法帮他逃生。下面提供一种思路。

杨梦可以说："我将死在谎言之神面前。"

如果这句话是真话，根据规则，杨梦应该在真理之神面前被杀掉；而这句话本身是真话，话的本意是要在谎言之神面前被杀掉。两者之间形成了矛盾，岛上的人无法将他杀掉。

如果这句话是假话，那么按照规则，杨梦应该在谎言之神面前被杀掉；而这句话本身是句谎话，真实的情况应该是杨梦会死在真理之神面前。这同样形成了矛盾，岛上的人无法将他杀掉。

这句话利用了规则，杨梦不管说的是真话还是假话，岛上的人都无法将他杀掉。

图书在版编目(CIP)数据

头脑风暴.塑造超强大脑的想象力游戏/石霖编著.—北京:中国法制出版社,2021.5

ISBN 978-7-5216-1780-1

Ⅰ.①头… Ⅱ.①石… Ⅲ.①智力游戏 Ⅳ.①G898.2

中国版本图书馆CIP数据核字(2021)第057805号

策划编辑:李 佳

责任编辑:李 佳　　封面设计:汪要军

头脑风暴.塑造超强大脑的想象力游戏

TOUNAO FENGBAO. SUZAO CHAOQIANG DANAO DE XIANGXIANGLI YOUXI

编著/石 霖

经销/新华书店

印刷/三河市紫恒印装有限公司

开本/880毫米×1230毫米 32开　　印张/7.25 字数/150千

版次/2021年5月第1版　　2021年5月第1次印刷

中国法制出版社出版

书号 ISBN 978-7-5216-1780-1　　定价:36.00元

北京西单横二条2号 邮政编码100031　　传真:010-66031119

网址:http://www.zgfzs.com　　编辑部电话:010-66053217

市场营销部电话:010-66033393　　邮购部电话:010-66033288

(如有印装质量问题,请与本社印务部联系调换。电话:010-66032926)